茶道

Die Titelzeichnung wurde von
M. Kwiat angefertigt

FACHBÜCHER FÜR JUDO — BAND VII

KATAME no KATA

Die 15 fundamentalen Bodentechniken

von

Peter Volkmann, 6. Dan

mit 67 Fotografien
von Beatrice Volkmann
sowie 3 Zeichnungen

11. Auflage

1990

Verlag WEINMANN — Berlin

CIP-Titelaufnahme der Deutschen Bibliothek

Volkmann, Peter:
Katame-no-kata : [die 15 fundamentalen Bodentechniken]
/ von Peter Volkmann. Mit 67 Fotogr. von Beatrice Volkmann. —
11. Aufl. — Berlin : Weinmann, 1990.
(Fachbücher für Judo ; Bd. 7)
ISBN 3-87892-006-7

NE: GT

Satz und Druck: Hildebrand

Inhaltsverzeichnis

Einleitung

Nach Jigoro Kano, dem Begründer des Judo, bedeutet „Kata" ein System von vorher festgelegten Bewegungsabläufen. Die Kata ist das Abbild eines Zweikampfes und findet ihre Aufgabe in der Darstellung der Prinzipien des Judo sowie traditioneller Bewegungen.

Die Ursprünge der Sportart Judo waren Selbstverteidigungspraktiken, die den Samurai dazu dienten, den Kampf fortzusetzen, selbst wenn sie ihre Waffe verloren hatten. Daher standen (neben der Wurf- und Schlagtechnik) Halte- und Würgegriffe sowie Hebeltechniken im Vordergrund, deren systematische Zusammenstellung die Grundlage der Katame-no-kata gewesen sein dürfte.

Während andere Kata die dynamische Wechselbeziehung zwischen Angriff und Verteidigung verdeutlichen, ist die Rolle des Uke bei der Katame-no-kata verhältnismäßig passiv.

Die Katame-no-kata stellt einen kontinuierlichen Ablauf der drei Bodentechnikgruppen (Halte-, Würge- und Hebeltechniken) in zeremonieller Weise dar. Sie ist zusammen mit der Nage-no-kata Bestandteil der Randori-no-kata, der Form des freien Übens.

Jede auszuführende Technik ist zwar im allgemeinen in eine feste Norm gefügt, kann indessen individuell interpretiert und dargestellt werden. Wesentlich bei Interpretationen der Kata ist es, daß Abweichungen von der orthodoxen Form in sich geschlossen und konsequent durchdacht sind. So kann z.B. die Ausführungsgeschwindigkeit einer Katavorführung unterschiedlich gewählt werden, sollte aber im Verlauf einer Demonstration gleichbleibend sein. Neben den, die Judotechnik berührenden Variationen, sind auch praktische Ausführungsmöglichkeiten wie z.B. die Flächeneinteilung auf der Matte, die Begrüßung oder die Verteidigungsart und Bewegungsintensität von Uke und andere Einzelheiten auslegungsfähig. Da Interpretationen kritikfähig sind, sollten sie von den „Abweichlern" auch begründet werden können.

Der Ausführende der Kata (Tori) kennt jede Angriffs- oder Verteidigungsbewegung seines Partners (Uke). Dadurch, daß heißt durch ein vereinbartes Zusammenspiel von Angriffs- und Abwehrbewegungen, ist es möglich, die Katame-no-kata zu einer packenden Judodemonstration zu formen. Obgleich die Katame-no-kata eine geringere Dynamik als andere Kata (Nage-no-kata, Gonosen-no-kata) aufweist, vermag sie dennoch dem Kenner und auch dem interessierten Laien einen Einblick in das Wesen des Judo zu bieten.

Zu einer meisterlich dargebotenen Kata gehört selbstverständlich ein ansprechender Rahmen und ein gepflegtes Aussehen der Darsteller. Das Äußere als Ausdruck der inneren Haltung sollte nicht zu einer Phrase werden. Ausdruck und Gehalt der Kata müssen zu einer gekonnten Synthese verschmelzen. Beide zusammen bestimmen den Wert der Kata.

Allgemeine Hinweise

1. Im Laufe der Jahrzehnte haben sich verschiedene voneinander abweichende Praktiken für die Katame-no-kata-Demonstration herausgebildet. Die folgende Darstellung stellt den Versuch dar, die unterschiedlichen Methoden unter Berücksichtigung der modernen japanischen Auffassung auf einen Nenner zu bringen, indem sie die Gemeinsamkeiten in eine logische Gliederung bringt. Der Streit, welches wohl die richtige „offizielle" Version sei, ist müßig, denn sowohl die eine wie die andere Auffassung wird oft von bedeutenden Meistern vertreten.

2. In einer guten Kata sind hölzerne und marionettenhafte Bewegungen unbedingt zu vermeiden. Die Techniken sollen exakt, aber gelöst und völlig natürlich ausgeführt werden.

3. Die Techniken der Kata werden mit den alten traditionellen japanischen Namen bezeichnet. Soweit die heute üblichen Bezeichnungen davon abweichen, sind diese in Klammern hinzugefügt.

4. Die Katame-no-kata-Demonstration spielt sich auf kleinem Raum ab, daher braucht die Mattenfläche nicht besonders groß zu sein.

5. Üblicherweise werden Kata rechts und links ausgeführt. Bei der Katame-no-kata reicht es entsprechend ihrer Struktur aus, diese nur nach einer (beliebig wählbaren) Seite vorzuführen.

6. Hinweise auf gebräuchliche Varianten bei der Katame-no-kata-Demonstration sind als Anmerkungen eingefügt, bzw. in Klammern gesetzt.

7. Die Katame-no-kata umfaßt 15 Techniken, die in drei Hauptgruppen unterteilt sind. Die Techniken jeder Gruppe stehen stellvertretend für eine Vielzahl anderer, verwandter Griffe.
Die Gruppen werden wie folgt gegliedert:

Katame-no-Kata

I. Osae-komi-waza — Haltetechniken

Kesa-gatame
Kata-gatame
Kami-shiho-gatame
Yoko-shiho-gatame
Kuzure-kami-shiho-gatame

II. Shime-waza — Würgetechniken

Kata-juji-jime
Hadaka-jime
Okuri-eri-jime
Kata-ha-jime
Gyaku-juji-jime

III. Kansetsu-waza Hebeltechniken

Ude-garami
Ude-hishigi-juji-gatame
Ude-hishigi-ude-gatame
Ude-hishigi-hiza-gatame
Ashi-gatame

Die Ausführung der Katame-no-Kata

1. Begrüßung

Beide Partner gehen ruhig und gemessen auf die Matte. Zu Beginn der Kata stehen sich die Ausführenden in einem Abstand von etwa 4 m in aufrechter Haltung (Shizen-Tai) gegenüber. Tori steht rechts vom Joseki (Bild 1).
Da es sich bei der Katame-no-kata um eine Darstellungsform von Bodentechniken handelt, ist nach Auffassung des Verfassers ein Begrüßungszeremoniell im Knien (Za-rei) angebracht. Es ist auch möglich zum Joseki im Stand zu grüßen.

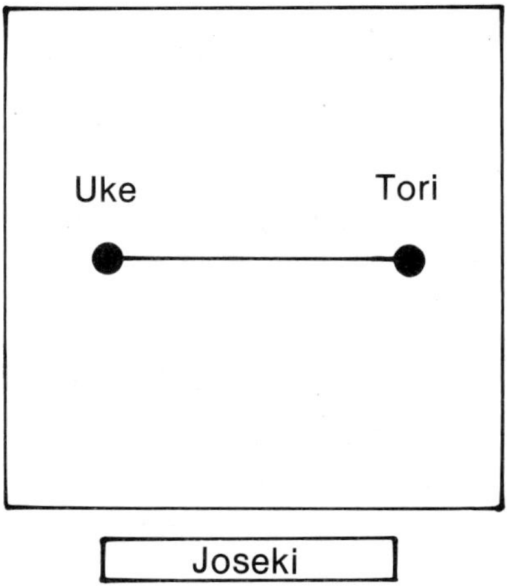

Bild 1

Anzumerken ist, daß die Ausführenden bei einem eventuell notwendigen Ordnen ihrer Judogi zwischen den Gruppen, bzw.

Bild 2-5

nach Beendigung der Kata dem Joseki nicht den Rücken zukehren sollen, da dies nach japanischer Auffassung als Unhöflichkeit gegenüber der beurteilenden Instanz gilt.

Die Ausführenden knien jeweils mit dem linken Bein nieder und setzen die Zehen auf (Bild 2). Das r e c h t e Bein folgt in gleicher Weise (Bild 3). Die Hände befinden sich noch immer neben dem Körper. Während die Zehen nach hinten ausgestreckt werden und beide sich setzen, gleiten die Hände auf die Oberschenkel in der Leistengegend (Bild 4). Der Abstand zwischen den Knien beträgt etwa zwei Faustbreiten, die großen Zehen berühren sich oder werden übereinander gelegt. Nun erfolgt die eigentliche Begrüßung, die Verbeugung im Sitzen (Za-rei).

Die Ausführenden grüßen (sich gegenüber sitzend) zuerst in Richtung Joseki und dann den Partner:
Sie legen ihre Handflächen gleichzeitig vor ihre Knie, so daß zwischen Daumen und geschlossenen Fingern eine gesichtsgroße Fläche entsteht. In diese Fläche wird das Gesicht geneigt. Die Stirn berührt die Matte nicht. Das Gesäß sollte dabei nicht angehoben werden (Bild 5).
Einen kurzen Augenblick verharren beide, dann richten sie sich gemessen und gleichzeitig wieder auf und legen ihre Hände zurück auf die Oberschenkel (Bild 6). Die Hände gleiten wieder neben die Oberschenkel; gleichzeitig wird das Gesäß angehoben und die Zehen gegen die Matte gestemmt (Bild 7). Der rechte Fuß wird auf die Matte gesetzt (Bild 8), der linke nachgezogen. Beide Ausführende erheben sich und stehen sich wieder gegenüber.

Bild 6-8

2. Das Einnehmen der Positionen

Tori und Uke setzen jeweils ihren rechten Fuß in der Weise vor, daß er einen nach rechts geöffneten Bogen beschreibt und einen Schritt nach vorn vollendet. Die linken Füße werden dann einen Schritt nach vorn gesetzt. Die Partner halten nun einen Moment inne.

Während Tori stehen bleibt, setzt Uke seinen rechten Fuß einen weiteren Schritt nach vorn (Bild 9). Seine rechte Hand mit einwärts gekehrten Fingern stützt er weit vor dem rechten Fuß auf die Matte. Während Uke seinen Körper zum größten Teil auf dieser Hand abstützt (Bild 10), schiebt er sein rechtes Bein um

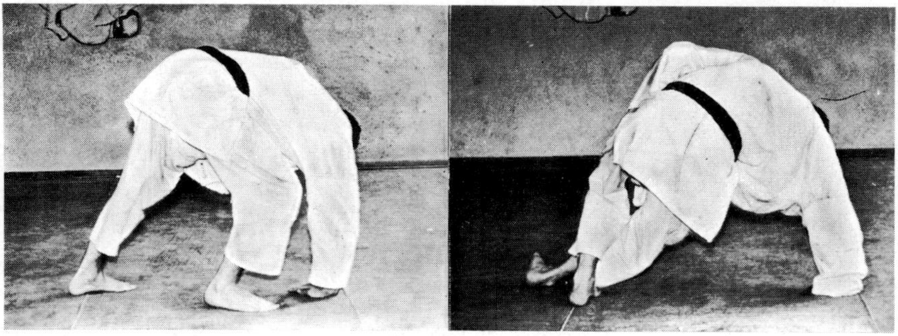

Bild 9/10

sein linkes herum, so daß sein Körper ein Drehung um 180 Grad vollzieht (Bild 11) und sein Rücken schließlich auf der Matte liegt. Hierbei liegen beide Hände parallel neben den Oberschenkeln flach auf dem Boden. Der Kopf ist leicht angehoben (dies ist bei Techniken wo Tori um Ukes Nacken faßt erforderlich); während der Gegenwehr und in den Pausen ist Gelegenheit zum

Entspannen gegeben. Ukes rechtes Bein liegt ausgestreckt auf der Matte. Der linke Fuß wird ein wenig zum Körper gebracht und aufgesetzt (Bild 12). Nachdem Uke völlig ruhig liegt, beginnt Tori mit der ersten Technik.

Bild 11/12

I. Osae-komi-waza Haltetechniken

1. Kesa-gatame (Kuzure-gesa-gatame)

Zur Ausführung des Kesa-gatame begibt sich Tori an die rechte Körperseite von Uke. Zu diesem Zweck macht Tori drei Schritte, d.h. er setzt den rechten Fuß von Ukes Kopf fort, einen Schritt weit nach rechts vorn (Bild 13), sein linker Fuß folgt in gleicher Richtung, wird aber noch am rechten Fuß vorbeigeführt. Der dritte Schritt erfolgt wieder mit dem rechten Fuß. Tori steht nun in Shizen-tai rechts von Uke (Bild 14). Es ist darauf zu achten, daß Toris aufrechte Körperhaltung erhalten bleibt.

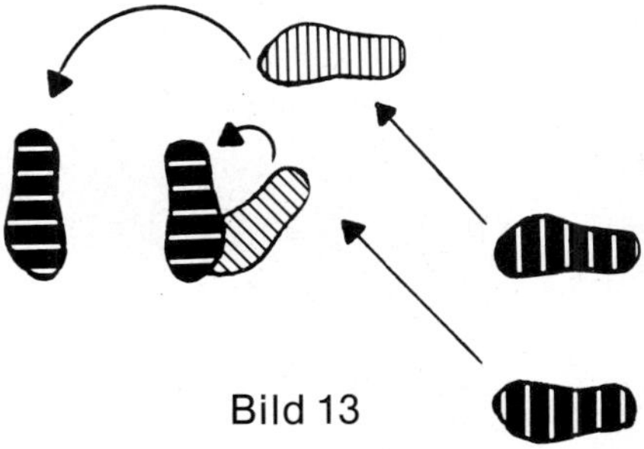

Bild 13

Der Ausführende kniet mit dem linken Bein in der gleichen Weise wie beim Za-rei nieder (Oberkörper aufrecht), verharrt einen Augenblick im Kniestand (Bild 15) und nähert sich dann Uke, indem er auf dem linken Knie und rechten Fuß vorwärts gleitet. Anschließend drückt Tori das rechte Knie demonstrativ nach außen (Eine Geste die das Zurechtziehen eines „Hakama", des traditionellen japanischen Hosenrocks, andeuten soll). Er erfaßt dann mit seiner linken Hand den rechten Unterarm des Liegenden von außen am Ärmel (Bild 16). Anschließend hebt Tori zügig seinen aufgesetzten rechten Fuß und schiebt ihn flach über die Matte nach links, d.h. in Richtung von Ukes Kopf, bis er mit seinem rechten Arm Ukes Genick fassen kann. Gleichzeitig mit dieser Bewegung erfolgt das Einklemmen von Ukes rechtem Arm unter Toris linker Achsel.

Bild 14-17

Der Ansatz dieser Haltetechnik soll schnell erfolgen. Hat Tori die Technik korrekt angesetzt und vollendet, erstarrt für einen Moment jede Bewegung als Zeichen für den erfolgreichen Griff (Bild 17). Erst dann macht Uke einige deutliche Abwehrbewegungen und klopft danach hörbar zweimal mit der linken Hand auf Toris Rücken ab. Der Ausführende unterbricht die Technik,

löst den Griff seines linken Armes und zieht sein rechtes Bein zurück in die Ausgangsstellung. Zur gleichen Zeit ergreift er mit der linken Hand Ukes rechten Arm und legt ihn wieder neben dessen Körper (Es wird auch gelegentlich empfohlen, den Arm mit beiden Händen zurückzulegen als Ausdruck von Sorgfalt und Achtung).
Tori bewegt sich im Kniestand in seine Ausgangsstellung zurück und verharrt einen Moment. Die erste Technik ist damit ausgeführt. Es zeigt sich erneut die überwiegend passive Rolle Ukes. Man kann ihn kaum noch als Angreifer betrachten. Er ist mehr ein Objekt, das Tori zur Unterstreichung seiner Demonstration benötigt. Einzig die Verteidigungsbewegungen lassen noch etwas von der an sich gleichberechtigten Rolle Ukes ahnen.
Anmerkung: Viele japanische Meister lehren heute die Kata mit **Kuzure**-gesa-gatame zu beginnen.
Die Verteidigung bei allen Osai-Komi soll sinnvoll und realistisch sein und 2-3 verschiedene Versuche umfassen.

2. Kata-gatame

Der Ausführende befindet sich im Kniestand und nähert sich erneut dem Partner. Mit der linken Hand ergreift er Ukes rechten Arm kurz unterhalb des Ellenbogens und legt ihn quer über dessen Hals (Bild 19). Dann greift Tori mit der rechten Hand um Ukes Hals, legt die eigene rechte Halsseite gegen die Mitte von Ukes Oberarm und läßt die linke Hand sinken, bis sich seine beiden Hände im Klammergriff an Ukes rechter Halsseite treffen.

Der Ausführende bringt gleichzeitig mit dem Ansatz des Griffs das rechte Knie dicht an Ukes Halsseite (Unterschenkel parallel zu dessen Körper) und streckt das linke Bein schräg nach vorn (Bild 20). Die Zehen beider Füße sind gegen die Matte gestemmt. Toris rechte Schläfe senkt sich zu Ukes Kopf. Die Technik ist jetzt vollendet. Wiederum erstarrt jede Bewegung für einen Augenblick. Danach macht Uke einige (scheinbare) Befreiungsversuche und gibt sodann seine Aufgabe durch zweimaliges Klopfen bekannt. Tori löst den Griff seiner Hände.
Während er in den Kniestand zurückgeht (oder im japanischen Sitz verharrt), legt er mit der linken Hand (oder mit beiden Händen) Ukes rechten Arm neben dessen Körper zurück. Auf den Knien entfernt sich Tori zu seiner Ausgangsposition. Hier verharrt er wieder (siehe Bild 18).

Bild 18-20

3. Kami-shiho-gatame

Nach kurzer Pause erhebt sich Tori aus dem Kniestand. (Falls er neben Uke mit beiden Beinen kniete, läßt er seine Hände von den Oberschenkelansätzen gleiten und hält sie gestreckt neben dem Körper. Gleichzeitig stemmt er die Zehen gegen die Matte und setzt den rechten Fuß auf. Der linke folgt in gleicher Weise.) Tori muß nun mit drei Schritten (links, rechts, links) zurück an Ukes Kopfende (Bild 21) gehen. Er kniet in der bekannten Weise

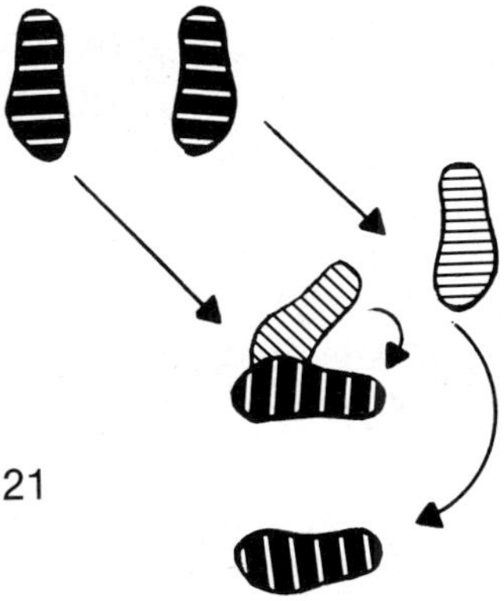

Bild 21

ab, wobei er sich etwa einen halben Meter vor Ukes Kopf befindet. Unmittelbar darauf beugt er seinen Oberkörper nach vorn, wobei seine angewinkelten Unterarme dicht über die Matte gleiten (Bild 22). Zunächst wird die Bewegung langsam ausgeführt; schnell dagegen greifen Toris Hände unter den Achseln des Liegenden hindurch nach dessen Gürtel, den sie an beiden Körperseiten in Höhe der kurzen Rippen festhalten (Bild 23). Ukes Oberarme sind hierbei über den Armen des Ausführenden. Toris Kopf liegt auf Ukes Brustkorb, seine Beine sind gestreckt und die Zehen gegen die Matte gestemmt. Uke versucht nach einem Mo-

Bild 22/23

ment kurzer Bewegungslosigkeit (scheinbar) zu entkommen und klopft dann zweimal auf Toris Rücken ab. Tori nimmt die Beine zum Körper zurück, löst den Griff seiner Hände und richtet den Oberkörper wieder auf. Dann entfernt er sich abermals von Uke und verharrt im Kniestand hinter dessen Kopf. Da Tori zur Ausführung der nächsten Haltetechnik, zurück zu Ukes rechter Körperseite gehen muß, steht er auf (Shizentai).

4. Yoko-shiho-gatame

Mit drei Schritten — rechts, links, rechts (siehe Bild 13) gelangt der Ausführende an die rechte Seite seines Partners. In der bekannten Weise erfolgt das Niederknien. Für einen Augenblick hält Tori inne (Bild 24); dann nähert er sich dem Liegenden. Toris linke Hand ergreift Ukes rechten Ärmel unterhalb des Ellenbogens, hebt den Arm hoch und führt ihn weiter, bis er rechts neben Ukes Kopf auf der Matte liegt (Bild 25). Anmerkung: Es ist auch möglich, daß Uke den Arm allein in diese Position bringt. Anschließend faßt Tori mit seinem linken Arm von vorn um das Genick des Partners und ergreift dessen linke Schulter am Ober-

Bild 24-27

armansatz. Zur gleichen Zeit greift seine rechte Hand zwischen Ukes Beinen hindurch und erfaßt dessen Gürtel (Bild 26). Seine rechte Hand liegt dabei schon fast unter Ukes Hüfte. Tori senkt seinen Kopf nach vorn, um den Körper des Partners wirksam unter Kontrolle halten zu können. Das linke Knie wird angezogen und blockiert Ukes rechten Arm.
Ob und wieweit auch das rechte Bein zum Körper gebracht werden sollte, liegt im Ermessen Toris. Wichtig ist lediglich, daß die Zehen beider Füße gegen die Matte gestemmt werden, um die Haltetechnik wirksam ausführen zu können und um die Balance nicht zu verlieren.

Ist der Haltegriff richtig angesetzt, erfolgt eine Unterbrechung der Bewegung, die die Vollendung der Technik anzeigt. Danach versucht sich Uke mit zweckentsprechenden Bewegungen (scheinbar) zu befreien und gibt schließlich durch zweimaliges Klopfen auf. Tori löst seinen Griff und richtet sich wieder auf, wobei er Ukes rechten Arm neben dessen Körper zurück auf die Matte legt. Auf den Knien entfernt sich Tori und verharrt im Kniestand.

5. Kuzure-kami-shiho-gatame

Der Ausführende muß sich abermals zum Kopfende seines Partners begeben. Er erhebt sich und gelangt mit den drei schon bekannten Schritten links, rechts, links (Bild 21) dorthin. Vor Beginn der nächsten Technik kniet er wiederum nieder, verharrt kurz und nähert sich knieend dem Partner.
Toris linke Hand ergreift Ukes linken Arm und legt diesen, einen zur Matte senkrechten Halbkreis beschreibend, neben dem eigenen Knie zu Boden (Bild 28). Toris rechte Hand hebt Ukes rechten Arm in Ellenbogenhöhe. Sobald der Arm etwa senkrecht ist, greift Tori im Wickelgriff von außen her um den Oberarm des Partners zu dessen Hals, bis seine Hand dessen Kragen am Genick fassen kann (Bild 29). Ohne den Ablauf seiner Armbewegungen zu unterbrechen, zieht Tori das linke Knie soweit an, daß Ukes Genick auf seinem linken Oberschenkel ruhen kann. Die linke Hand faßt über Ukes linke Schulter hinweg dessen Gürtel

Bild 28-30

(Bild 30). Das rechte Bein Toris ist gestreckt, seine Zehen sind gegen die Matte gestemmt und sein Kopf ist auf Ukes Brustkorb gepreßt. Jegliche Bewegung erstarrt für einen Moment und läßt die Vollendung der Technik erkennen. Danach versucht Uke einige Male (scheinbar) zu entkommen und gibt schließlich durch zweimaliges Klopfen auf. Tori legt Ukes Arme zurück, entfernt sich von Uke und verharrt im Kniestand.
Die erste Gruppe der Katame-no-kata ist mit diesem Haltegriff beendet.

Dem Joseki wird die anschließende Demonstration der Würgegriffe durch eine Unterbrechung der Kata und ein Zurückgehen der Vorführenden in ihre Ausgangspositionen bedeutet.

Dabei richtet Uke seinen Oberkörper auf; seine Beine sollten unbewegt bleiben. Seine rechte Hand berührt hinter seinem Rücken in etwa 30 cm Entfernung die Matte. Er stützt sich auf die nach rechts gerichteten Finger (Bild 31). Das rechte Bein wird angewinkelt; gleichzeitig dreht Uke seinen Körper nach rechts um 180 Grad und zieht dabei das rechte Bein unter dem anderen Bein nach hinten (Bild 32). Uke steht auf. Tori erhebt sich gleichzeitig mit Uke aus dem Kniestand. Alle Bewegungen sollen wie erwähnt gleichmäßig und ohne Hast ausgeführt werden.

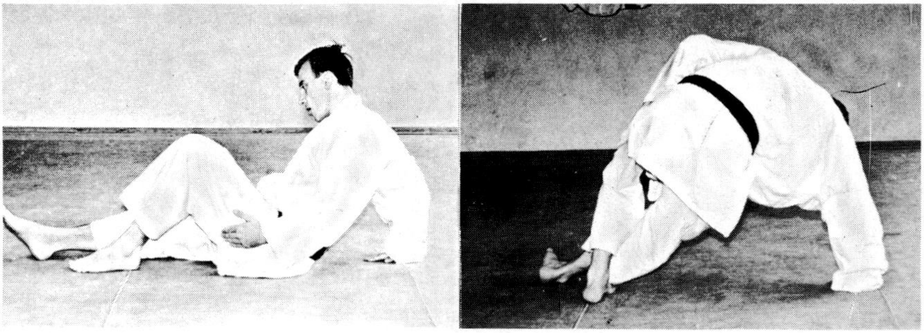

Bild 31/32

Die Vorführenden kehren nun einander den Rücken zu und schreiten zu ihren Ausgangspositionen.
Dort ordnen sie ihre Kleider, verharren einen Moment und drehen sich dann gleichzeitig wieder zueinander um.
Um das gleichzeitige Umdrehen zu erreichen, muß man sich durch häufiges Üben ein besonderes Zeitgefühl aneignen. Zu-

nächst kann man als Hilfslösung zu diesem Zweck vereinbaren, etwa 10 Sekunden abzuzählen.
Gelegentlich wird auch gelehrt, das Kleiderordnen einander zugewandt, in etwa 4 m Entfernung im Kniestand, vorzunehmen.

II. Shime-waza Würgetechniken

Beide Ausführende setzen ihren rechten Fuß jeweils in der Weise vor, daß er einen nach rechts geöffneten Bogen beschreibt und einen Schritt nach vorn vollendet. Der linke Fuß wird einen geraden Schritt vorgesetzt. Die Ausführenden halten einen Augenblick inne. Uke legt sich in der bekannten Weise auf die Matte (vergleiche Bild 9-12).

1. Kata-juji-jime

Tori geht mit den ebenfalls beschriebenen drei Schritten (Bild 13) an Ukes rechte Körperseite und nimmt den Kniestand ein (Bild 33). Tori befindet sich dicht neben seinem Partner. Seine linke Hand (oder beide Hände) ergreift Ukes rechten Jackenärmel am Ellenbogen und führt diesen Arm im Bogen so weit, bis dieser rechts neben Ukes Kopf auf der Matte liegt. Der linke Arm des Liegenden wird von Tori entsprechend auf die Matte gelegt. Gleichzeitig mit dieser letzten Bewegung schwingt der Ausführende sein angewinkeltes rechtes Bein über den Körper des Liegenden, so daß er den Reitsitz auf ihm einnehmen kann (Bild 34). Toris rechte Hand gleitet mit nach unten gerichteter Handfläche an Ukes rechter Halsseite vorbei zu dessen Jackenkragen am Genick (Bild 35). Dabei ist es empfehlenswert, wenn der Ausführende mit der linken Hand Ukes rechtes Revers am Hals lockert. Die linke Hand ergreift unterhalb des rechten Unterarms mit nach unten gerichtetem Handrücken Ukes Jackenrevers. Diesmal befinden sich die vier Finger von Toris linker Hand innen am Revers. (Es ist auch möglich, seitenverkehrt zu fassen.) Der Würgeeffekt wird durch Vorneigen Toris und gleichzeitiges Ziehen

Bild 33-36

mit der linken Hand und Drücken mit dem rechten Unterarm nach vorn unten erzielt (Bild 36). Der Ansatz der Technik soll zügig erfolgen. Ein kurzes Verharren nach Ausführung der Technik zeigt deren symbolische Vollendung an. Uke klopft zweimal ab. Tori löst den Griff seiner Hände und richtet sich wieder auf. Gleichzeitig mit dem Zurückgehen in den Kniestand führt Toris rechte Hand Ukes linken Arm wieder neben dessen Körperseite. Erst wenn Tori sich wieder im Kniestand befindet, legt er Ukes rechten Arm neben dessen Körper zurück.

Der Ausführende entfernt sich vom Liegenden und verharrt einen Moment im Kniestand. Der erste Würgegriff ist damit ausgeführt. Bevor Tori die nächste Technik demonstriert, erhebt er sich und geht mit drei Schritten links, rechts, links (Bild 21) zu Ukes Kopfseite.

2. Hadaka-jime

Während Tori niederkniet, richtet sich Uke zum Sitz auf. Sein linkes Bein ist ein wenig angewinkelt und die Hände liegen locker auf den Oberschenkeln oder der Matte.
Tori kniet und gleitet nun dicht an Uke heran. Sein rechter Fuß ist aufgesetzt (Bild 37), um mit seinem rechten Unterschenkel ein Herausdrehen Ukes aus dem Würgegriff zu verhindern. Toris rechter Arm faßt um Ukes Hals, dabei drückt der Oberarm gegen

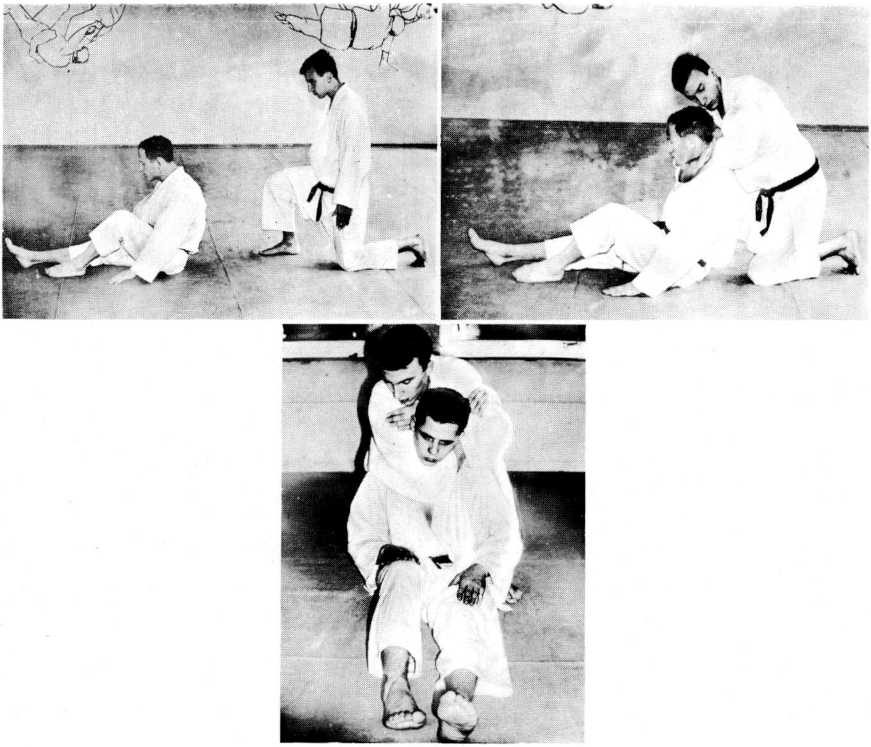

Bild 37-39

Ukes rechte Halsseite. Die Speiche (schmale Innenseite des Unterarms) drückt gegen die linke Halsseite. Ukes Kehlkopf befindet sich in Toris Ellenbogenbeuge und seine rechte Hand schwebt über Ukes linker Schulter (Bild 38). Die linke Elle wird nun gegen Ukes Genick gedrückt. Anschließend umfaßt Tori mit der rechten Hand den eigenen linken Oberarm knapp oberhalb des Ellenbogens, Daumen nach unten, wobei die rechte Hand unter seinem linken Unterarm zum Oberarm geführt wird (Bild 39).
Oft wird empfohlen, daß Tori sich beim Würgen zurücklehnt und dadurch Uke zu einer Rückwärtsneigung zwingt, weil die Wirkung des Würgegriffs dann stärker ist. Zum Zeichen der Aufgabe klatscht Uke zweimal in die Hände. Tori löst den Griff, entfernt sich von Uke und verharrt im Kniestand.
Anmerkung: Alle Würgegriffe sollen „kampfbetont" vorgeführt werden. Uke klopft „ernsthaft" ab.

3. Okuri-eri-jime

Tori nähert sich wieder Uke und kniet wie beim Hadaka-jime hinter ihm (Bild 40). Toris rechte Fußsohle ist aufgesetzt. Seine linke Hand greift unter Ukes linker Achsel quer über dessen Brustkorb zum rechten Revers (Bild 41) etwa in Höhe der Brustwarzen — Daumen innen. Die rechte Hand greift über Ukes rechte Schulter zu dessen linker Halsseite (Bild 42) und faßt dort das Revers — Daumen innen (umgekehrte Reihenfolge oder seitenverkehrtes Fassen ist möglich). Die Wirkung des Griffs wird durch gleichzeitiges Anziehen beider Hände Toris erreicht.

Durch zweimaliges Klopfen gibt Uke auf. Tori kehrt in seine Ausgangsposition zurück.
Uke verändert seine Position nicht.

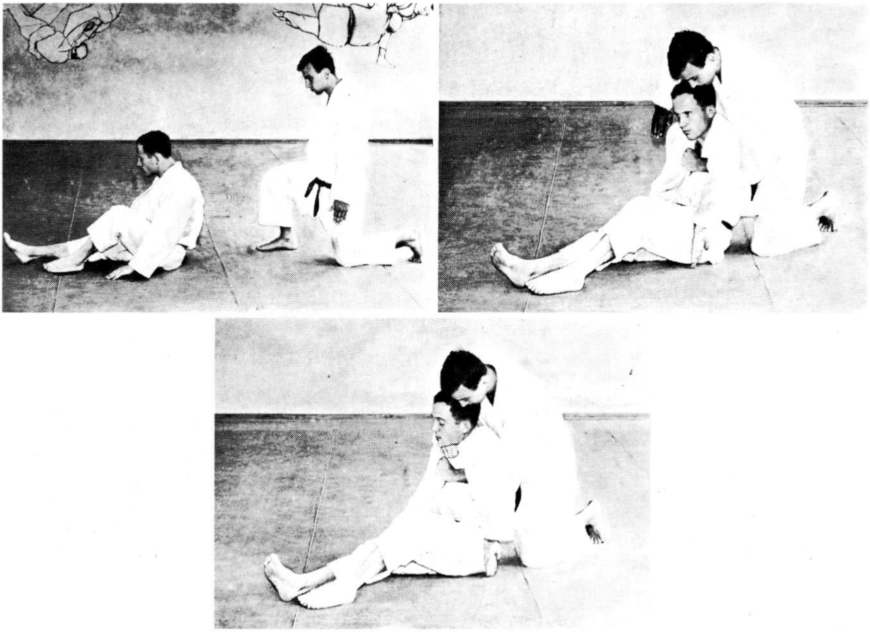

Bild 40-42

4. Kata-ha-jime

Tori kniet wie bei den beiden vorhergehenden Würgegriffen hinter Uke. Seine rechte Hand gleitet über Ukes rechte Schulter zu dessen linker Halsseite und ergreift Ukes Kragen dicht am Hals, wobei Toris Daumen nach innen gerichtet ist. Die vier Finger wickeln sich nahezu in den Kragen ein (Bild 43): Uke hebt nun den linken Arm, als wollte er zur Abwehr gegen den Würgegriff nach Toris Kopf fassen (Bild 44). In diesem Moment führt Tori seinen linken Arm etwa bis zum Ellenbogen unter Ukes Achsel hindurch und legt die linke Hand gegen Ukes Hinterkopf, um den Abwehrversuch zunichte zu machen (Bild 45). Durch Zug mit der rechten und Druck mit der linken Hand würgt Tori den Partner (Bild 46).

Mit zweimaligem Klopfen gibt Uke auf. Tori richtet sich auf und entfernt sich vom Partner in der bereits wiederholt beschriebenen Weise.

Bild 43-46

5. Gyaku-juji-jime

Tori setzt erst seinen rechten, dann den linken Fuß auf und begibt sich in den Stand. Uke legt sich wiederum flach auf die Mat-

Bild 47-52

te. Mit den bereits beschriebenen drei Schritten (rechts, links, rechts) gelangt Tori an Ukes rechte Körperseite. Hier kniet er nieder und nähert sich Uke. Toris linke Hand legt den rechten Arm des Partners neben dessen Kopf nach hinten auf die Matte (Bild 47). Toris rechte Hand ergreift Ukes linken Jackenärmel in Ellenbogenhöhe und legt den Arm ebenfalls in diese Richtung. Zur gleichen Zeit schwingt Tori sein rechtes angewinkeltes Bein über den liegenden Uke und gelangt in den Reitsitz (Bild 48). Mit den Schenkeln hält er sodann Uke unter Kontrolle. Seine rechte Hand, mit aufwärts weisender Handfläche, gleitet an Ukes rechter Halsseite weit in dessen Jackenkragen in Richtung Genick (Bild 49). Toris linke Hand wird analog an der linken Halsseite zum Genick geführt. Die Daumen beider Hände sind außen, die Finger fassen innen. Es ist besonders wirksam, wenn sich Toris Hände hinter dem Genick des Liegenden berühren (Bild 50).
Der Ausführende beginnt mit gekreuzten Unterarmen zu würgen, indem er seine Ellenbogen nach außen drückt. In diesem Moment macht Uke eine Abwehrbewegung: Er versucht, Toris Ellenbogen nach oben wegzudrücken. Tori scheinbar nachgebend, läßt sich daraufhin auf seine linke Seite fallen und reißt im Schwung Uke mit sich, bis Tori auf dem Rücken liegt, während Uke sich zwischen seinen Beinen befindet. Der Würgegriff erfolgt dadurch, daß Tori seine Ellenbogen (Bild 52) auseinanderpreßt und dabei Uke zu sich in Kopfrichtung zieht. Eine sparsame Drehung der Fäuste zum eigenen Körper unterstützt die Wirkung des Würgegriffes.
Uke gibt durch zweimaliges Klopfen auf. Alle Bewegungen werden nun in umgekehrter Reihenfolge noch einmal durchgeführt: Uke rollt mit Tori zurück; dieser löst den Würgegriff, verläßt den Reitsitz, wobei er mit seiner rechten Hand (oder mit beiden Händen) Ukes linken Arm zurück neben dessen Körper legt (verglei-

che Bild 47). Anschließend ergreift er mit seiner linken Hand Ukes rechten Arm und legt ihn ebenfalls neben dessen Körper zurück. Dann entfernt er sich vom Liegenden und verharrt im Kniestand.

Mit dieser Technik ist die zweite Stufe der Katame-no-kata beendet.

Tori erhebt sich und geht mit den bekannten drei Schritten hinter Ukes Kopf. Nun erhebt sich auch Uke (siehe Bild 31/32) und es erfolgt abermals das Zurückgehen der Vorführenden zu ihren Ausgangspositionen und das Kleiderordnen.

III. Kansetsu-waza Hebeltechniken

Beide Ausführende setzen ihren rechten Fuß bogenförmig und den linken gerade vor; dann halten Sie einen Moment inne. Uke legt sich in der bekannten Weise (siehe Bilder 9-12) auf die Matte.

1. Ude-garami

Uke liegt auf dem Rücken; Tori gelangt mit drei Schritten (rechts, links, rechts) von der Kopfseite des Liegenden zu dessen rechter Körperseite (Bild 13) und kniet dort nieder. Nach kurzem Verharren nähert er sich dem Partner. Mit seiner linken Hand ergreift er Ukes rechten Arm am unteren Teil des Ärmels und legt diesen kreisbogenförmig nach hinten auf die Matte (Bild 53). Unmittelbar anschließend erhebt Uke seinen linken Arm, als wollte er in Angriffsabsicht Toris rechtes Revers ergreifen (Bild 54). Der Ausführende dreht sein linkes Handgelenk etwa so weit nach rechts, daß die Handfläche zum Joseki weist und ergreift das Gelenk des erhobenen Armes am Puls. Tori drückt das Gelenk zu Boden, wobei er sich mit seinem Oberkörper quer über Ukes Brust legt und ihn auf diese Weise kontrolliert (Bild 55). Ukes Arm liegt nun angewinkelt auf der Matte; sein Handgelenk befindet sich in Höhe der Schulter. Toris rechte Hand gleitet unter Ukes linkem Oberarm hindurch und faßt das eigene Handgelenk (Bild 56). Die Hebeltechnik wird ausgeführt, indem Tori das Handgelenk des Partners fest am Boden hält, während er mit seinem rechten Arm Ukes Ellenbogen leicht hebt.

Bild 53-56

Zu beachten ist der enge Kontakt, den der Ausführende mit Ukes Körper haben muß. Wichtig ist ferner, daß Ukes Handrücken nicht auf die Matte gedrückt wird, da sonst ein regelwidriger Handgelenkhebel entsteht.

Uke klopft wie üblich zweimal auf die Matte und gibt damit auf. Tori löst den Griff.

Während Tori seinen Oberkörper aufrichtet, führen seine Hände den linken Arm des Partners in die Ausgangslage neben dessen Körper zurück (oder Uke führt diese Bewegung selbst aus). Ukes rechter Arm wird von Toris linker Hand zurückgelegt.

Tori entfernt sich vom Liegenden und hält im Kniestand einen kurzen Moment inne.

2. Ude-hishigi-juji-gatame (Juji-gatame)

Zur Ausführung dieses Griffs nähert sich Tori Uke erneut in der bekannten Weise (Bild 57). Uke erhebt seinen rechten Arm, als wollte er in Angriffsabsicht nach Toris linkem Revers greifen (Bild 58). Bevor er dazu kommt, packt der Ausführende mit beiden Händen Ukes Handgelenk. In diesem Moment versucht Uke nochmals zu Toris Kragen zu fassen, indem er seine rechte Schulterpartie ein wenig anhebt. Tori weicht dieser Bewegung aus, indem er Ukes Arm noch weiter zu sich hochzieht und gleichzeitig seinen rechten Spann etwas unter Ukes Körper, rechts von dessen Schulter, schiebt. Das eigene Gewicht verla-

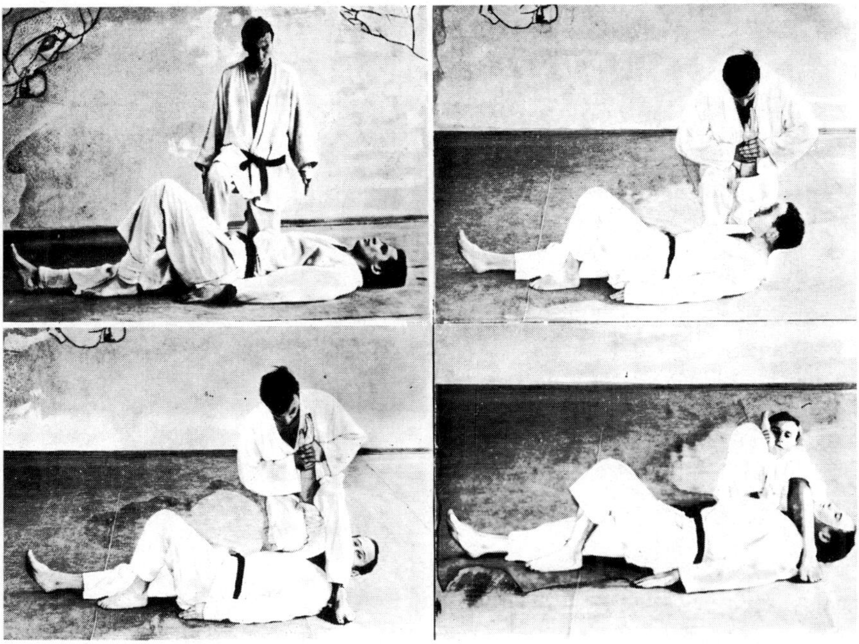

Bild 57-60

gert der Ausführende kurzzeitig auf den rechten Fuß, während er in einer halbkreisförmigen Bewegung das linke Bein über den Kopf des Liegenden hinwegschwingt und die Kniekehle über Ukes Hals legt (Bild 59). Gleichzeitig mit dieser Aktion legt sich Tori auf den Rücken. Ukes rechter Arm wird zwischen Toris Oberschenkeln festgehalten; sein rechtes Handgelenk wird von Toris Händen umspannt. Es ist wesentlich, daß sich Ukes Ellenbogen mindestens in Höhe von Toris Gürtel befindet und Ukes Daumen nach oben zeigt. Der Hebel ist jetzt vollständig angesetzt (Bild 60).

Anmerkung: Die Wirkung des Armhebels ist umso stärker, je weiter der angegriffene Arm Ukes in Richtung zu Toris Kopf gezogen wird.
Die Schmerzwirkung wird erzielt, indem Tori sein Gesäß leicht anhebt und das Handgelenk des Partners gleichzeitig in Richtung des kleinen Fingers zum Brustkorb zieht. Uke gibt das Zeichen der Aufgabe.
Tori richtet seinen Oberkörper auf, nimmt den rechten Fuß zurück und schwingt sein linkes Bein wieder in den Kniestand zurück. Seine linke Hand legt anschließend Ukes rechten Arm neben dessen Körper auf die Matte zurück.
Dann entfernt er sich vom Liegenden und bleibt anschließend im Kniestand einen Augenblick bewegungslos.

3. Ude-hishigi-ude-gatame (Ude-gatame)

Tori nähert sich wieder Ukes rechter Seite. Der rechte Arm des Liegenden wird in der bekannten Weise mit der linken Hand nach hinten gelegt. Dabei hebt Uke seinen gestreckten linken Arm nach oben und ergreift Toris rechtes Revers dicht am Hals (Bild 61). Tori neigt sich ein wenig nach vorn und klemmt das Handgelenk des Liegenden zwischen der eigenen rechten Schulter und rechten Kopfseite ein, um die Bewegungsfreiheit von Ukes Arm einzuschränken. Tori drückt mit seiner rechten Hand von unten nach oben auf das Ellenbogengelenk, d.h. in Richtung des eingeklemmten Handgelenkes. Er legt seine linke Hand auf die rechte und verstärkt so den Druck (Bild 62). Uke versucht, sich nach rechts zu drehen, um den eingeklemmten Arm zu entlasten. Der Ausführende gibt scheinbar nach, bis Uke fast auf der rechten Seite liegt. Dann beugt sich Tori etwas weiter vor und drückt (den rechten Fuß aufgesetzt, Knie auf dem Partner) mit beiden Händen Ukes Arm zum eigenen Magen. Dabei wird Ukes Arm am Ellenbogen etwas verdreht.

Bild 61/62

Zu beachten ist, daß das linke Knie des Ausführenden ebenfalls engen Kontak zum Liegenden haben muß, d.h. es soll dicht an der rechten Schulter des Partners sein. Uke gibt durch Klopfen auf.
Tori nimmt abermals in einigem Abstand seine Position im Kniestand ein.

4. Ude-hishigi-hiza-gatame (Hiza-gatame)

Tori erhebt sich und gelangt mit drei Schritten (links, rechts, links) hinter den liegenden Uke (Bild 21). Dieser richtet seinen Oberkörper auf. Seine rechte Hand berührt hinter dem Rücken, in etwa 30 cm Abstand, die Matte. Seine Finger sind leicht einwärts gerichtet, ansonsten parallel zu den Oberschenkeln. Das rechte Bein wird angezogen und mit einer gleichzeitigen Körperdrehung rechts herum zwischen Körper und stützender Hand hindurchgeführt. Der Fuß wird aufgesetzt. Uke hat sich somit um 180 Grad gedreht und kniet Tori mit aufgesetztem rechten Fuß gegenüber. Die rechte Hand ruht auf dem rechten Oberschenkel oder hängt wie die Linke locker herab. Tori kniet ebenfalls auf dem linken Knie; seine Hände hält er wie Uke. Der Abstand zwischen beiden beträgt etwa eine Armlänge. Die Ausführenden fassen sich gleichzeitig in der Weise, daß die jeweils linke Hand den rechten Jackenärmel des Gegners in Ellenbogenhöhe erfaßt und die jeweils rechte Hand das linke Revers des anderen dicht am Hals ergreift (Bild 63).

Bild 63-66

Tori löst dann den Griff seiner linken Hand und führt seinen linken Arm von innen her um Ukes rechten Arm mit einer Kreisbewegung so, als ob er Ukes Arm einwickeln wollte (Bild 64). Ukes rechter Arm wird unter Toris linke Achsel gepreßt und außerdem von Toris linker Hand am Oberarm dicht über dem Ellenbogen angedrückt. Damit ist Ukes Arm blockiert (Bild 65). Gleichzeitig setzt der Ausführende seine rechte Fußsohle gegen das linke aufgesetzte Knie des Gegners und drückt es nach hinten weg. Mit dieser Bewegung legt sich Tori auf seine rechte Seite und zwingt Uke auf den Bauch. Jetzt kann der Armhebel vollständig ausgeführt werden. Das linke Knie des Ausführenden drückt auf den Ellenbogen des gestreckten rechten Arms des Gegners. To-

ris linker Fuß stützt sich bei dieser Bewegung an Ukes rechter Beckenseite, bzw. an dessen untere Rippenpartie ab. Toris linke Hand gleitet währenddessen ein wenig nach oben in Richtung des gegnerischen Unterarmes und packt dort den Ärmel. Die Hebelwirkung kommt dadurch zustande, daß der Ausführende mit seinem linken Knie den Ellenbogen des Liegenden nach unten drückt und gleichzeitig mit seiner linken Hand Ukes Arm zu sich zieht und auf diese Weise streckt (Fig. 66).
Uke klopft zum Zeichen der Aufgabe zweimal mit seiner linken Hand auf die Matte. Tori richtet sich wieder in den Kniestand auf. Uke folgt in gleicher Weise. Der Ausführende entfernt sich von Uke und hält wie dieser einen Moment inne.

5. Ashi-gatame (Ashi-hishiji-ashi-gatame)

Beide Ausführende erheben sich und stehen sich auf Armlängenabstand in Rechtsvorwärtsstellung (Migi-shizen-tai) gegenüber. Wie beim Ude-hishigi-hiza-gatame beschrieben, erfaßt jeweils die rechte Hand das linke Revers und die linke Hand den rechten Jackenärmel. Tori setzt den linken Fuß einen kleinen Schritt nach vorn, dann schwingt er seinen rechten Fuß, wie beim Tomoe-nage-Ansatz mit der Sohle gegen Ukes Magengegend oder Leiste (Bild 67). Dabei faßt Tori mit der linken Hand zu Ukes rechtem Revers um. Uke weicht diesem scheinbaren Wurfansatz mit einem großen Schritt seines rechten Beines nach vorn zu dem am Boden liegenden Tori aus (Bild 68). (Er kann auch, sich nach links drehend, auf dessen Bauch niederknien.) Ukes rechter Fuß steht nun etwas oberhalb von Toris Gürtel neben dessen linker Körperseite (Bild 68). Der Ausführende verändert weder

Bild 67-70

die Stellung seines rechten Fußes, noch die Griffhaltung seiner Hände. Er „schlingt" sein linkes Bein von außen um den Oberschenkel des Stehenden, bis er quer vor dem Unterleib des nun gebeugten Uke liegt. Toris linker Fuß ragt ein wenig über Ukes linke Körperseite hinaus (Bild 69). Uke versucht Widerstand zu leisten, indem er sich zu erheben sucht. Tori vereitelt das Bemühen, wobei er mit seinen Armen Uke zu sich herunterzieht und dabei das linke Bein nach hinten streckt, gleichzeitig aber noch mit seinem rechten Fuß nach rückwärts drückt (Bild 70). Mitunter empfiehlt es sich für Tori, mit dem rechten Fuß gegen Ukes linkes Knie zu drücken, um so einen besseren Hebeleffekt zu erzielen. Uke gibt durch Zeichen seine Aufgabe bekannt und richtet sich auf.

Tori richtet sich so auf, daß er in den Kniestand gelangt. Beide Partner erheben sich wie wiederholt beschrieben gleichzeitig, drehen sich um und gehen zu ihren Ausgangspositionen (dem Joseki nicht den Rücken zukehren!). Dort ordnen sie ihre Kleider. Gleichzeitig drehen sie sich dann zueinander, knien nochmals nieder und grüßen sich und zum Joseki (Bild 2-5). Danach erheben sie sich, setzen jeweils den rechten Fuß in einem nach rechts geöffneten Bogen und den linken Fuß gerade zurück. Beide Ausführende verlassen gleichzeitig, z.B. rückwärts gehend, die Matte.
Die Katame-no-kata ist beendet.

DEINE FARBE - DEIN CHARAKTER

FARBENTYP UND MENSCHENKUNDE

von

DR. WALTER A. KOCH

ROHM VERLAG · 7120 BIETIGHEIM

3. Auflage

Die erste Auflage dieses Buches erschien im Jahre 1953
beim Verlag Haug & Co., damals Saulgau, jetzt Ulm a. D.

Eine holländische Übersetzung von
Dr. Willem van Zoeterwoude erschien 1956 unter dem Titel
„Uw Kleur - Uw Karakter"
im Verlag „De Cyclus" Leiden onder Directie van I. J. Sloos

Der farbige Umschlag zeigt die 10 Menschentypen der Farben Grün, Gelb, Orange, Braun, Rot, Rosa, Indigo, Blau, Violett, Blaugrün

ISBN 3-87683-146-6

DAS FARBENJAHR

von Rupprecht MATTHAEI, Erlangen

Herrn Dr. Dr. Würth zu seinem 70. Geburtstage am 8. Juni 1950 gewidmet

Die Farbe schmückt des Jahres Lauf,
Sie kündet seinen Sinn;
Und wer die Augen offen trägt
Hat herrlichen Gewinn.

Im Lenze aus dem dürren Laub
Steigt Himmelsschlüsselein:
Es kündet mit dem lichten Gelb
Sein junges Lustigsein.

Und freundlich spiegelt Himmelsblau
"Vergißmeinnicht" zurück,
Erzeugt zum zarten Gelb zugleich
Ein mildes Gegenstück.

Erstrahlt alsbald der Wiesengrund,
Der Wald im Maiengrün,
Vereint sich rasch der Gegensatz
Vom jungen Frühlingsblühn.

Das Rot, der Farben höchste Pracht,
Erschafft der Sommer dann
Und setzt dem Grün die Gegenkraft
Auf's Neu lebendig an. -

Sobald die Blüte niedersinkt,
Auch Grün ist überlebt;
Der Hexenmeister Herbst tritt an,
Der neu die Farben hebt.

Er wandelt aus dem Einerlei
Ein leuchtend buntes Kleid.
Fällt braun das Laub zur Erde, dann
Scheint Sterben an der Zeit.

Doch wenn der Schnee die Fluren deckt
Mit seinem reinen Weiß,
Eröffnet uns die Sonne erst
Den schönsten Farbenkreis.

Nun tritt die Farbe selbst hervor,
Erstarkt, wirkt Gegenkraft
Und offenbart die Urgewalt,
Die alles Leben schafft.

Der Wintersonne gelbes Licht
Malt Schatten veilchengleich,
Und senkt die Sonne golden sich,
Wächst blau ein Märchenreich.

Wenn in der Sonne letztem Strahl
Die Abendwolken ziehn,
Die Schatten weiten sich ins Land
Und Purpur wirkt das Grün.

Die Farbe ist herangereift
Nun zu den Müttern gar.
Aus ihrem ew'gen Weben steigt
Ein neues Farbenjahr . . .

Univ.-Prof. Dr. Rupprecht Matthaei (Erlangen) ist der Autor der Bücher

"Versuche zu Goethes Farbenlehre", Fischer-Jena 1939

"Die Farbenlehre im Goethe-National-Museum", Fischer-Jena 1941

"Zur Morphologie des Goetheschen Farbenkreises", Graz 1958

I. MENSCH UND FARBE

1. Farbenwahl entschleiert den Charakter

Der Wohlstand unserer Zeit spiegelt sich im Straßenbild in der Buntheit der Schaufenster-Auslagen und in der Vielfarbigkeit der Damen- und Kinderkleidung. Die Sicherheit des Lebensstandards führt auch die Herren, die früher nur bunte Krawatten tragen durften, zu ausgesprochen farbigen Hemden und sogar modefarbigen bunten Anzügen. Der Stil der "Freizeit - Kleidung" bedeutete eine Art Farb-Revolution.

Wenn man genauer hinsieht, so trägt nicht jeder Mensch jede Farbe. Die persönliche Eigenart verhindert es, daß alle Menschen dieselben Farben schätzen. Jeder einzelne hat vermöge seiner Besonderheit für die eine Farbe mehr Verständnis, für die anderen weniger; er liebt die eine Farbe, die andere ist ihm gleichgültig. Obwohl die Mode - Industrie jedes Jahr verkündet, man trage die und die Farben und Nuancen, liefern die geschäftstüchtigen Stoff-Fabrikanten neben den Modefarben bewußt auch sonstige Tönungen, weil sie wissen, daß zumal die Damen ihr persönliches Verhältnis zu den Farben haben und sich die Farbe aussuchen, die ihnen paßt, weil sie zu ihnen paßt.

Die Farbe, die ein Mensch liebt, ist die notwendige Ergänzung zu ihm, der Ausdruck seines Innern. Sie spricht für Kenner sein Wesen klar und deutlich aus. Deshalb scheint der Versuch zeitgemäß, aus der persönlichen Vorliebe für Farben Rückschlüsse auf die innere Beschaffenheit ihrer Träger zu ziehen. Eine Ausbeute für den Zweck der Menschenkunde liefern allerdings nur die Farbtöne, in die ein Mensch sich gern, häufig und bewußt kleidet oder die er in seiner Umgebung bevorzugt. Ein Stück, das billig im Ausverkauf erstanden wurde, verrät meist wenig vom inneren Wesen.

Jede Farbe drückt etwas Besonderes und nur ihr Eigentümliches aus. Vergleicht man den seelischen Organismus des Menschen mit dem Farbkreis, so gehört zu jeder Einzelfarbe eine psychische Teilfunktion und eine Gruppe bestimmter Eigenschaften. Weil der Farbkreis eine Symbolisierung der Seele ist, weil das Außen der Farbe und das Innen der Seele sich entsprechen, ist es der Farbenpsychologie möglich, die Zusammenhänge zwischen Farben und Charakterzügen aufzudecken. Jeder Charakterhaltung entspricht eine bestimmte Farbe, und wenn ein Mensch eine "persönliche" Farbe hat, so ordnet er sich damit einem bestimmten Charaktertyp zu.

Im täglichen Leben sagt man, nicht nur beim Kartenspielen, jemand solle " Farbe bekennen". Man meint damit, er solle offen die echte Färbung seines Ich hervorkehren, seine wahre innere Einstellung zeigen, wie es die Kämpfer des Mittelalters durch Enthüllung der Wappenfarbe ihres Herrn taten. Und so kann man den Zusammenhang zwischen Charakter und Farbe formulieren in den Satz "Sage mir Deine Farbe, und ich sage dir, wer du bist!"

2. Wesensart und Farbpalette

Die Physik der Farben ist heute schon weitgehend bekannt. Die Kleidchen der Babys sind bei Knaben hellblau, bei Mädchen rosa. Durchschnittliche junge Menschen bevorzugen meist helle, leuchtende, lebhafte Farben, ältere Menschen dunklere, gedämpfte und ruhige Töne. Nach außen gewendete Typen neigen zu warmen und lichten Nuancen, nach innen gewendete zu kühlen und tiefen.

Ganze Männer lieben feste und harte Farben, also ein kräftiges Rot, ein massives Rotbraun, ein elegantes Schwarz. Das "schwache Geschlecht" ist für zarte Pastellfarben oder schwebende und geheimnisvolle Farbtöne, wie Creme, Lila, Rosa oder Grünblau. Bei den blonden Blauäugigen sieht man meist kühle Farben, vorwiegend Blau, bei den dunkleren Helläugigen lichte, aber gedämpfte Tönungen von Grün oder Grau. Dunkeläugige mit dunklen Haaren, die ja sehr leidenschaftlich sein sollen, entschließen sich gern zu warmen Farben, besonders Gelb und Rot.

Unmögliche Farbwahlen zeigen deutlich, was hier gemeint ist. Eine ehrwürdige Frau kann sich nicht in gelbem Gewande zeigen, eine traurige nicht in Orange, eine lustige nicht in Schwarz. Brennende Farben an bedeutungslosen Individuen wirken komisch, an gefährlichen wie eine höhnisch täuschende Maske. Es ist ebenso unmöglich, durch kalt-blaue Farbtöne ein leidenschaftliches, sinn-erregendes Gefühl auszusprechen, wie durch Rot kühle Gelassenheit zum Ausdruck zu bringen. Durch Grün kann kein majestätischer Posaunenton, durch Violett kein frischer Jugendruf symbolisiert werden. Wenn man weiß, daß Purpur die Majestät bezeichnet, so wird man ihn Königinnen tragen lassen, welche Majestät ausströmen - genau wie man einen Saal im Königsschloß durch das rot-goldene Interieur erkennt.

Natürlich ergänzen viele gern einen Mangel an Gemüt und Seelenkraft durch die leuchtende Macht der Farbe, aber umgekehrt verzichten herzenswarme, tief innerlich angelegte Menschen oft auf äußeren Schein. Doch werden Menschen mit gut erzogenen und farbenfreudigen Augen, besonders Damen, sich selbst bei hoher geistiger Begabung gern mit dem Reichtum der Farbe schmücken. Der bewußt lebende Mensch soll imstande sein, seiner Umgebung seinen Stempel aufzudrücken. Das Chamäleon mag seine Farbe nach Affekt, Tageszeit oder Umgebung ändern: wenn eine Persönlichkeit zum Ausdruck ihres Ich die richtige Farbe verwendet, die ihr paßt und die ihr steht, so wird die Übereinstimmung zwischen Person und Farbe ohne weiteres auch die Bedeutung der Charakterfarbe erkennen lassen.

Farben sind sichtbare Schwingungen, und wohl jeder Mensch zieht allen anderen Farben diejenige vor, in der er selbst schwingt. Diese empfindet er als die wichtigste Farbe der ganzen Skala - als ihren persönlichen Brennpunkt. Da es bisher nur den Frauen technisch möglich ist, sich ihre Farben nach Belieben auszusuchen, ist es bei den Damen leichter als bei den Herren, sie nach ihrer Vorzugsfarbe als Farbtypen zu charakterisieren. Eine Frau, die in Rot schwingt, ist ein aktiver, triebstarker Mensch mit männlichem Einschlag, unternehmungslustig, mutig

und selbstbewußt. Eine andere, die Blau liebt, ist weicher, abwartender; sie drängt nicht nach vorn, wie es die "Rote" tut. Sie wartet, bis man sie braucht, ist dann aber bereit zu Dienst und Opfer. Das Ultramarinblau ist, auch in aufgehellten Nuancen, die Farbe der Madonna; es kleidet daher aufs beste die mütterliche Frau, die ihre Lieben still umhegt. Zart ist das weiche Aquamarinblau. Das bösartige Grünblau und das kalte Eisblau tragen meist originelle Personen von leicht abweisender Haltung.

Mehr praktisch und realistisch sind Damen, die Gelbgrün bis Lindgrün lieben. Sie streben nach Selbstbehauptung und sichern sich einen festen Stand im Leben. Das gelingt ihnen meist schnell, da sie ihre Vorteile instinktiv wittern. Sie sind gute Hausfrauen und schätzen Komfort, gutes Essen und Geselligkeit. Aus kräftigem Dunkel- oder Seegrün spricht dagegen meist ein weiches, empfängliches, ruhiges und gemütvolles Wesen zu uns. Die Gelb bevorzugende Frau ist geistig lebendig und klar bewußt, oft kritisch. Sie hat das Bedürfnis, ihren Horizont beständig zu erweitern. In der Liebe sucht sie Anregung und Unterhaltung. Das verwandte Orange weist auf eine naturhafte Sinnenfreudigkeit, ein beschwingtes Gefühl und eine gesunde, echte Lebensfreude hin.

Wer Braun vorzieht, spricht damit solide Festigkeit und vorsichtige Zurückhaltung aus. Doch wirkt Braun meist gutbürgerlich (oder spießbürgerlich) und in seiner erdnahen Haltung oft ein wenig materiell. Violette Damen sind häufig empfindsam, äußerlich oder innerlich gehemmt, immer aber gespannt (im Gegensatz zum "gelösten" Gelb). Sie geben sich gern einem unbestimmten Sehnen hin und verraten oft einen mystischen Einschlag. Das Lila, die Fliederfarbe, tragen vorwiegend ausgefallene Persönlichkeiten, welche die Ekstasen lieben und ihre Umgebung bezaubern wollen. Sie wünschen lieber mondän (demimondän) als bürgerlich zu erscheinen. Dagegen hüllt sich die Dame mit Grau in Unbestimmtheit, meist wünscht sie nicht aufzufallen und zieht sich daher mit dem unscheinbaren Grau auf einen neutralen Boden zurück. Auf der Straße ist es ja nicht nötig, schon gleich "Farbe zu bekennen"! Ein gepflegtes Grau verrät Eleganz und schafft Distanz. Es wirkt vornehmer und distinguierter als unbestimmbare Mischfarben in verwaschenen und verdunkelten Tönen, die in ihrer Gewöhnlichkeit gar nichts sagen. Was endlich den Gegensatz von Weiß und Schwarz betrifft, so ist er für zwei einzelne Lebenslagen in seiner Richtung festgelegt: Weiß trägt die jugendschöne, strahlende Braut, Schwarz die trauernde Witwe. Aber die elegante Welt hat sich auch dieser Farben bemächtigt. Weiß tragen unbekümmerte, unbeschwerte oder harmonische Menschen, gleich, ob alt oder jung, und zwar nicht nur beim Tennis, dem "Weißen Sport". Schwarz ist die kultivierte Farbe von Salondamen, die eben durch ihre farbliche Zurückhaltung auffallen; Schwarz ist aber auch die feierliche Farbe konventioneller Gelegenheiten - sei es Trauer, sei es Feier.

Und so kann man abschließend sagen: Weil jede Farbe ihren eigenen Charakter zeigt, drückt auch jede Dame, die eine Farbe als wesensverwandt bevorzugt, ihre innere Verwandtschaft mit der Farbe aus, in der sie schwingt; und damit enthüllt sie auch die Grundzüge ihres eigenen Charakters.

3. Die persönliche Farbe

Jeder Mensch hält die ihm passende Farbe, "seine Farbe", für die schönste oder ausdruckvollste. Nicht jedem steht jede Farbe, und man mag sich Gedanken darüber machen, warum einem Mannequin eine bestimmte Farbe nicht steht (wenn diese nicht überhaupt abgelehnt wird). Man wird eben die Hinneigung einer individuellen Persönlichkeit zu einer bestimmten Farbe, soweit sie nicht durch gefühlsbetonte Erinnerungen oder assoziative Gedankeneinflüsse veranlaßt wird, auch als äußeres Merkmal der inneren Geistigkeit, als Erkennungsmittel der Wesensgrundlage eines Menschen und somit als bedeutsame Hilfe für die Wissenschaften der Menschenkenntnis ansehen dürfen. Umschreibt man die bevorzugte Farbe mit den zu ihrer Charakterisierung dienenden Begriffen, so hat man die wichtigsten Wesenszüge seiner Persönlichkeit.

Wer sich für eine Farbe in großen, gleichmäßigen Flächen entscheidet, spricht damit innere Ruhe, Sicherheit und Gelassenheit aus. Oftmaliger unmotivierter Wechsel in der Farbenbevorzugung entspricht innerer Unsicherheit, Unrast, Unruhe. Die warmen, starken Reinfarben haben große Anziehungskraft für bedeutende, eindringliche Persönlichkeiten; doch werden diese meist eine zu ausgesprochene Farbe dämpfen oder durch ihre Ergänzung zu harmonisieren wissen. Deshalb drücken die starken Reinfarben oft nur das Streben aus, etwas sein (oder scheinen) zu wollen. Die Auswahl von k a l t e n oder w a r m e n Farben schafft Klärung darüber, auf welchem Punkt zwischen den Polen der Glut und der Eisigkeit sich ein Mensch befindet. Er ist heiß, glühend und leidenschaftlich am roten Ende, schwärmerisch und lustbetont bis zum Taumel beim Orange, mehr verstandesmäßig eingestellt bei Gelb, indifferent bei Grün, und schließlich zurückhaltend, kühl oder abweisend bei Eis-Blau. Wer warme Farben, wie R o t oder O r a n g e, bevorzugt, ist für die Umwelt aufgeschlossen und beschäftigt sich gern mit den Nebenmenschen und deren Tun. Mehr auf sich selbst bezogen und zur Betrachtung geneigt sind die Blau-Menschen. Trotzdem und vielleicht gerade deswegen entfalten sie eine stärkere Kraft der Herrschaft. Das R o t ist extravertiert und deshalb vor- und aufdringlich, das kalte B l a u introvertiert. Was die indifferenten Farben angeht, so gehört Grün teils den anpassungsfähigen Menschen, die nach Harmonie streben, teils ausdrucklosen und passiven Geschöpfen, dagegen das Violett solchen Naturen, die innerlich gespannt, aber gehemmt sind und deshalb ihre Umgebung stets in Unruhe versetzen.

Der Gegensatz von h e l l e n und d u n k l e n Farben bezeichnet die Einstellung zur Umwelt. Das Verhalten zu dieser ist mehr passiv bei den an sich hellen Farben G e l b und G r ü n, mehr aktiv bei den spezifisch dunklen R o t und B l a u. Wer Gelb liebt, nimmt die Umwelt vorwiegend durch den Verstand auf. Der Gelb-Mensch hat Beziehungen zum ordnenden und kritischen Denken und dem irdischen Wissen, B l a u zum Erkennen der ewigen Weisheit. Das G r ü n ist die reine Unbeweglichkeit, die in stabilem Gleichgewicht in sich ruht. Bei B l a u und R o t, zwei dunklen Farben, ist der Durchsetzungstrieb stärker. Je mehr jemand das Rot liebt,

desto höher schätzt er die Einwirkung auf andere Menschen. Je gesättigter das Grün ist, das ein anderer bevorzugt, desto eher ist er zur passiven Aufnahme der Umwelt in sich geneigt. Das Rot enthält rastlose Bewegung in sich selbst, die nach Tätigkeit schreit und die Tätigkeit an sich darstellt. Dagegen bewegt sich das warme Orange, als Farbtendenz betrachtet, nach außen, dem Beschauer zu, während das kalte Blau konzentrisch zum eigenen Mittelpunkt hin und vom Beschauer weg strebt. Darum entspricht der Kontrast zwischen Orange und kaltem Blau dem zwischen Altruismus und Egoismus. Das Blau zieht sich zusammen und rafft gierig an sich, das Orange verschenkt sich fröhlich. Im Ultramarin liegt wärmere Geistigkeit, insofern es zu weisem Erkennen und zum Erleben der ewigen Gesetzmäßigkeiten neigt. Wer aber Violett liebt, der ist schon etwas verschlossen, zwiespältig und einseitig. Die höheren Violett-Typen streben meist zu mystischer Betrachtung, Hingabe und Erlösung.

In Natur und Menschenwelt kommen die Farbtöne nur selten rein vor; meist sind sie aufgehellt oder getrübt. Die Analyse wird daher durch Zerlegung der jeweiligen Farbkomplexe in ihre Bestandteile das Wesen dieser Mischungen zu erforschen haben. Bei der unendlichen Zahl der möglichen Kombinationen ist diese Aufgabe in systematischer Betrachtung unlösbar. Die Menge der Farbenmischungen und die Verschiedenheit der bevorzugten Farbennuancen entspricht der Fülle des Lebens, das ebenfalls die Wesenszüge der Menschen in mannigfaltigen Variationen zeigt. Leider kann nicht jeder die ihm innerlich zugeordnete Farbe immer auch tragen oder sonst anwenden, weil die Hemmungen der Wirklichkeit und der Konvention oft zu groß sind; nur die Fastnachtskostüme geben hier eine gern benützte Gelegenheit. Aber ein Bild der Idealfarbe trägt ein jeder Mensch in sich, meistens im Unterbewußtsein, und so ordnet er sich einem bestimmten Farbentyp zu. Doch ist niemals außer acht zu lassen, daß die menschliche Natur so viele Möglichkeiten in sich birgt, daß sie zu verschiedenen Zeiten oder unter verschiedenen Umständen wechselnde und bis zum Gegensätzlichen gehende Einstellungen zuläßt. Die unbekümmerte Jugend liebt kecke, draufgängerische Farben. Wer die jeweiligen Modefarben stets schön findet, verzichtet auf innere Selbständigkeit. Und man denke an die Damen, die im Lauf des Tages durch häufiges Umkleiden die verschiedensten Stimmungen zum Ausdruck zu bringen wissen! Mit Alter und Entwicklung der Persönlichkeit verlieren sich Auswüchse. Das Alter ringt sich zu zurückhaltenden, abgeklärten Farben durch, bis es endlich ganz auf diese verzichtet, weil es nichts mehr ausdrücken will.

4. Der Mensch als Farbentyp

Was für einen Eindruck eine Farbe macht, ob sie gefällt oder abgelehnt wird, hängt ab von ihrer Wirkung auf den Betrachter, von ihrem subjektiven Gefühlston. Jede Farbe erscheint zwar als Trägerin einer (vorübergehenden) Stimmung; aber aus einer dauernd gewordenen Stimmung können sich fest eingegrabene Charakter-

züge bilden. Je nach seiner Gemütsart fühlt sich ein Mensch mehr zum erregenden Rot, zum erheiternden Orange oder zum beruhigenden Blau hingezogen. Einem heftigen Tatmenschen, der Rot in seiner Umgebung braucht, wird das Braun der ruhigen Beschaulichkeit eines anderen nichts sagen. Dagegen ist der Eindruck, den der Rot-Mensch liebt, dem Braun-Menschen wegen seiner Heftigkeit unangenehm. Eine innerlich abgelehnte Farbe wird auch niemanden als Kleiderfarbe stehen. Was der eine als selbstverständlich findet, kommt dem anderen als Übersteigerung vor. So oft ein Mensch eine bestimmte Farbe als ihm zugeordnet erfühlt, wird man in ihm die durch sie angedeuteten Eigenschaften vorfinden. Wenn so die Bevorzugung einzelner Farben eine Übereinstimmung zwischen Farbcharakter und Menschenwesen offenbart, so ist es möglich, durch Analyse der Farbe, die eine Persönlichkeit bevorzugt, deren typische Eigenschaften festzustellen und sie so einem Typ zuzuweisen.

In jedem Menschen läge, wenn er ein vollkommenes Wesen wäre, die Möglichkeit, alle Farben gleichmäßig zu lieben und alle ihre Polaritäten in sich zum Ausgleich zu bringen. In der Wirklichkeit gibt es aber keinen allseitigen Idealmenschen. Der Einzelmensch weicht vom gleichmäßig ausgebildeten Normtyp ab, weil in ihm dieser oder jener Pol überwiegt. Menschen, die alle Farben vollkommen gleich bewerten, sind selten. Im Leiblichen wirkt sich das eine Element stärker aus als das andere, weil die Mischung der Elemente eben nicht gleichmäßig ist. Dadurch entstehen die Temperamente ("Mischungen") und die Charakterzüge. Charakter ist die Folge einer einseitigen Fügung der Wesenszüge. Je charakteristischer ein Mensch ist, desto ausgeprägter wird seine Vorliebe für seine Lieblingsfarbe sein.

Weil das innere Wesen eines Menschen sich in seinem hervorstechenden Charakterzug durch eine symbolische Farbe darstellen läßt, bietet die psychologische Farbenlehre ein Mittel zur Menschenkunde, das Typen erschließt und einfache, aber genaue Analysen ermöglicht. Jeder der Grundfarben entspricht eine besondere Menschengruppe, jede hat ihren eigenen Kreis der Merkmale und Eigenschaften. Zwar wandeln sich im Menschen die Stimmungen und die Farbtöne, die diesen entsprechen. Aber in der festen Fügung seines Wesens, seinem Charakter, ruht der Mensch nicht auf einem kaleidoskopischen Farbenspiel der Launen, sondern auf dem festen Grund einer einzigen Farbe. Seine Handlungen entspringen aus der durch diese gezeigten Grundlage.

Als Lieblingsfarbe bezeichnet man die Farbe oder Farbengruppe, die von einem Menschen absolut bevorzugt wird, also unbezogen auf Kleidung, Edelsteine, Blumen, Tapeten usw. Je ausgeprägter die Eigenart, desto ausgeprägter sind auch die Lieblingsfarben. Wer zwecks charakterologischer Analyse nach seiner Lieblingsfarbe gefragt wird, soll also die Farbe nennen, die ihn besonders beeindruckt, die er am liebsten anschauen mag, die ihm sympathisch ist, die ihm wesensverwandt erscheint. Wegen ihrer inneren Verbundenheit mit dem Charakter kann man die Lieblingsfarbe auch Charakterfarbe nennen. Sie ist nicht immer der Farbton,

der jemand am besten zu Gesicht steht. Sie deckt sich nicht immer mit der, die in Kleidung oder Umgebung bevorzugt wird. Gehemmte Menschen geben als Lieblingsfarbe häufig deren Komplement an, und Menschen mit verborgenen Fehlern tarnen sich häufig in gleichgültigen Farben. Bei hysterischen oder disharmonischen Menschen stimmt oft die wesenhafte Farbgruppe nicht überein mit der nach außen zur Schau getragenen. Neben die Vorzugsfarbe tritt manchmal eine gehaßte Farbe - bisweilen auch mehrere. Diese können dann ebenso einen Aufschluß über das psychische Gefüge eines Menschen geben. Denn meistens ist es so, daß der Farbenhasser von seiner Haßfarbe zu viel in sich selbst hat und daß er deshalb sie nicht in sich aufkommen lassen will. Gelbhasser sind oft sehr sensitiv, Grün-Hasser sehr ruhebedürftig, Rot-Hasser meist allzu triebhaft.

Jede Farbgruppe hat eine andere Anlage im Denken, Fühlen und Wollen, aber in jeder gibt es Abstufungen der Norm vom primitiven bis zum entwickelten Typ, gibt es charaktervolle und entartete Menschen, den niederen Typ und den hohen, den positiven und den negativen. Bei der Beurteilung muß man sich natürlich vor falschen Verallgemeinerungen hüten und das Niveau der Persönlichkeit in Betracht ziehen. Es liegt auf der Hand, daß eine Mentalität, die sich in der Vorliebe für R o t äußert, bei einem Gebildeten auf einer höheren Ebene zutage tritt, als bei Kriminellen oder Primitiven. Die Stufenleiter geht hier von gesammelter Tatkraft über schwülen Blutrausch zur naiven Triebhaftigkeit. Und weiter ist etwa G e l b in positiver Wertung die Farbe der Intellektuellen, in negativer die der Schizophrenen.

Die Beschreibung von Menschengruppen als Farbtypen entstand aus theoretischer Betrachtung und Freude an neuen Mitteln der Menschenkunde. Sie kann aber schon jetzt angesprochen werden als Klassifikationsmittel typischer Menschengruppen und als Hilfe zur generellen Personencharakteristik vermittels der Klarlegung von typischen Eigenschaften der Seele und des Geistes, der Zielrichtung ihres Handelns und ihrer Berufstendenz. Selbstverständlich gilt sie mit dem üblichen Vorbehalt jeder Typenlehre, daß sie die Mischtypen des täglichen Lebens nicht erfassen kann. Doch ist das entschuldbar, weil wie H. FRIELING festgestellt hat, die im Alltag gebrauchten Farb-Mischtöne wie graublau, elfenbein, creme, beige, oliv usw. selten als (unbezogene) Lieblingsfarbe angegeben werden. Dies weist darauf hin, daß der Mensch gleichsam die Idee einer Farbe aufsucht und an sich gern einen Hauptwesenszug hervorhebt, um sich nicht mit einem Mischton gleichsetzen zu müssen. Hier sind daher die klassischen sieben Regenbogenfarben zugrundegelegt. Sie werden ergänzt durch das helle R o s a, das dunkle B r a u n und die modernen Tönungen B l a u g r ü n und G e l b g r ü n. Neu sind die Versuche "D e r g r a u e M e n s c h" und "D e r w e i ß e M e n s c h". So wird es Liebhabern, die in Farben zu denken versuchen, bald gelingen, die Menschen ihrer engeren Bekanntschaft in eine Farbgruppe einzustufen. Hoffen wir, daß auch die theoretische Menschenkunde durch diese neue einprägsame Typenlehre gefördert werde!

 (Fortsetzung am Schluß S. 79)

Die Methode, aus der Vorliebe für eine Farbe wichtige Grundzüge des Charakters zu erschließen, wurde zum ersten Mal gezeigt von Walter A. Koch in der "Astrologischen Farbenlehre" von Bressensdorf - Koch, O.W. Barth-Verlag, München-Planegg 1930. Grundlegend für die neuere Farbenforschung wurde das Buch "Psychologische Farbenlehre. Die sinnlich-sittliche Wirkung der Farbe" von Walter A. Koch, Carl Marhold, Verlagsbuchhandlung, Halle a. S. 1931.

In der Zeitschrift "ERFAHRUNGSHEILKUNDE" des Verlags Haug & Cie., Ulm, erschienen von Walter Koch die Abhandlungen "FARBE UND MENSCHENKUNDE" I, 1, Okt. 1951, "PSYCHOLOGIE DER DREI GRUNDFARBEN" I, 3/4, "DIE VIER HAUPTFARBEN" III, (1954) sowie II, 2 (1953) "DER FARBPYRAMIDENTEST NACH MAX PFISTER". Die erste Auflage des Buches "DEINE FARBE - DEIN CHARAKTER" wurde in "ERFAHRUNGSHEILKUNDE" 10/1953, 1/1954 sowie in rund 50 weiteren Zeitschriften besprochen. Einen Auszug daraus brachte "Das Deutsche Malerblatt", 25. Jg. Heft 10, Okt. 1954, nebst vier farbigen Zeichnungen der Temperamente von Albert KLAIBER und einer Sechs-Farben-Seite für die "VERGLEICHENDE CHARAKTERISIERUNG DER SECHS GRUNDFARBEN GOETHES".

Das System der Farben wurde zunächst von der Internationalen Beleuchtungskommission (CIE) in dem sog. IBK-Farbendreieck genormt (H. Arens, "Farbenmetrik", Akademie-Verlag Berlin 1951), dann im Auftrag des Deutschen Normenausschusses durch Prof. Dr. Manfred Richter, den führenden Kopf der naturwissenschaftliche Farbenforschung, in der DIN-Farbenkarte (G. Wyszecki, Farbsysteme, 2. Aufl., Musterschmidt-Verlag Göttingen 1962). Bei der Internationalen Farbentagung vom Mai 1966 in Dresden sprach Prof. Richter über "Sinn und Ausführung von Farbsystemen". Weitere Ordnungsmodelle des Farbkörpers bespricht E. Heimendahl in "Licht und Farbe" W. de Gruyter, Berlin 1961, besonders S. 54. Kurt Görsdorf tritt für den Tetraeder als Farbkörper ein. Prof. M. Richter gibt im Musterschmidt-Verlag Göttingen die Zeitschrift "Die Farbe" und die "Internationale Bibliographie der Farbenlehre" heraus.

Die naturwissenschaftliche Seite der Farben wird behandelt u. a. von:

ABC der Optik, hrsg. Dt. Akad. der Wissenschaften Berlin, Dausien, Hanau 1961
Bouma, P. J., Farbe und Farbwahrnehmung, Philip's, Eindhoven 1951
Hickethier, Alfred, Einmaleins der Farbe, O. Maier, Ravensburg 1963
Müller, Hans Gert, Technologie der Malfarben, Moos, München 1964
Lobeck, Fr., Erfahrungen mit Goethes Farbenlehre, Leipzig 1947
-, Farben anders gesehen, Heitz, Straßburg 1950; - Farben 1960
Ploss, E. F., Ein Buch von alten Farben (Mittelalter), Moos, Heidelberg 1962
Wilson, Robert, Farbe, Licht und Arbeit, Musterschmidt, 2. Aufl. 1962
Zeugner, Gerhard, Farbenlehre für Maler, VEB-Vlg. f. Bauwesen, Berlin 1963

Vorbemerkung 1:

Im folgenden Kapitel befinden sich viele Zusammenstellungen in Form von Tabellen oder Psychogrammen. Dies hilft Platz sparen und dient der Übersicht ebenso wie der Meditation. Bei Vorträgen über Farben waren diese Zusammenstellungen immer eine willkommene Gedächtnis-Stütze.

Solche Zusammenstellungen, auch aus andern Werken des Autors Dr. Koch, wurden seit 1930 an vielen Stellen mit oder ohne Nennung des Autors veröffentlicht. Während der Nachdruck kleiner Abschnitte aus diesem Buch mit Quellenangabe gestattet ist, wird bei tabellarischen Zusammenstellungen oder Psychogrammen gebeten, dafür die Erlaubnis des Verlags einzuholen.

Vorbemerkung 2:

Fast in allen Werken über Farben wird darüber Klage geführt, daß die Wiedergabe konkreter Farbtöne drucktechnisch sehr schwierig ist. Deshalb wird hier auf eine farbige Tafel der Farbtöne verzichtet und versuchsweise in Anlehnung an Wamscher "Bestimmung von Blumenfarben" und Seufert "Farbnamenlexikon" eine annähernde Farbenreihe von Naturfarben, besonders von Blumen, im Rahmen von Ostwalds 24-teiligem Farbkreis gegeben.

Psychogramm 1: Farbenreihe von Naturfarben			
Zitronengelb	Schwefel, Kanarienvogel	Indigo	Kornblume, Enzian
Gelb	Hahnenfuß, Sonnenblume	Ultramarin	Lapislazuli
Goldgelb	Krokus, Safran, Topas	Preußischblau	Himmelblau, Saphir
Gelborange	Calendula, Mennig	Grünblau	Türkis
Orange	Orange, Kapuzinerkresse	Eisblau	Pfauenblau
Zinnober	Mohn, Koralle	Blaugrün	Eisvogel
Scharlach	Vogelbeere	Nilgrün	Jade, Nephrit
Rot	Himbeere	Seegrün	Grünspan, Malachit
Karmin	Pfingstrose, Rubin	Smaragdgrün	Chrysoberyll
Purpur	Malve, Alpenveilchen	Maigrün	Gras, Laub, Chrysolith
Violett	Amethyst, Veilchen	Gelbgrün	Erbse, Pistazie, Galle
Blauviolett	Glockenblume, Aster	Grüngelb	Wolfsmilch, Reseda

1. Naturelle und Farben

Traditionelle Symbole, etwa Wappen und Flaggen, beweisen, daß die Farben einen Ausdrucks-Charakter haben, der die Allgemeinheit anspricht. Man trägt gern farbige Abzeichen, um sich als Angehöriger eines Volkes oder Anhänger einer Gruppe kenntlich zu machen und damit eine bestimmte innere oder äußere Haltung anzudeuten. wenn nun Einzelpersonen bestimmte Farben bevorzugen, zeigt sich darin eine Einstellung, die für sie charakteristisch ist. Die Farbenwahl enthüllt die innere Farbtendenz des Menschen. Wegen der bemerkungswerten psychologischen Aufschlüsse, die sich daraus ergeben, dient die Auswahl von Lieblingsfarben als Grundlage von psychologischen Testen.

Rot, Blau und Gelb, die drei primären Farben Goethes, sind die drei Grundfarben. Im symbolischen Farbkreis haben sie gleiche Abstände; daher können sie graphisch durch ein gleichseitiges Dreieck dargestellt werden. In ihrer sinnbildlichen Ausdeutung sind die drei Grundfarben weitgehend beziehbar auf systematische Dreigliederungen aller Art. Die einfachste Gliederung der Menschenkunde unterscheidet die Menschen nach ihren Naturellen.

Die ältere Einteilung der Menschentypen in drei Naturelle, die schon um 1920 von dem Physiognomiker Carl Huter popularisiert worden ist, spricht demgemäß von Bewegungs-, Ernährungs- und Empfindungs-Naturell. In jedem dieser Naturelle ist ein Teil des Körpers besonders stark entwickelt: Beim Bewegungs-Naturell die Muskeln, beim Ernährungs-Naturell die Verdauungsorgane, beim Empfindungs-Naturell die Sinneswerkzeuge, die Nerven und das Gefühl. Die inneren Organe gehen aus dem sog. inneren Keimblatt des Menschen, dem Endoderm, hervor, die Muskeln aus dem mittleren, dem Mesoderm, die Wahrnehmungs- und Denkwerkzeuge aus dem äußeren oder Ektoderm. Wegen der Einfachheit der Naturell-Lehre ist ihre kurze Darstellung geeignet zur Einführung in die Methode der Symbolisierung von Typen durch Farben. Der selbstverständliche Grundsatz aller Typologien, daß die abstrakten Typen bei lebenden Menschen nur selten rein und ungemischt vorkommen, darf wohl als bekannt vorausgesetzt werden.

Menschen, die noch nicht zur Reife gelangten oder sich über ihre Unausgeglichenheiten nicht hinausarbeiten können, sind disharmonisch wie kämpferisch wilde Jäger der Vorzeit oder asozial-zerstörerische Typen der Gegenwart. Das Disharmonische Naturell ist häßlich im Äußeren, sprunghaft oder schleichend in seinen Bewegungen, unheimlich im Ausdruck seiner Augen und innerlich zerfahren. Es stört überall den Frieden, begünstigt das Böse, setzt rücksichtslos seine selbstischen Ziele durch und trägt nach allen Seiten Kampf, Leid und Zerstörung. Seine Symbolfarben sind entweder getrübte oder schmierige Farben; meistens aber gleicht das disharmonische Naturell dem bösen Dunkel, der Finsternis des Satans. Die Farbe des Nichts ist das Schwarz.

Der Bewegungs - Mensch hat das Bestreben, seinen kräftigen, muskulösen Körper stets in Tätigkeit zu halten. Sein markantes, sehniges, fast martialisches Gesicht verrät die Größe der Spannkraft und die Stärke seiner körperlichen Energie. Er muß immer arbeiten, organisieren und führen, neigt zum Sport und kann Strapazen mit Leichtigkeit ertragen. Im Essen mag er unmäßig sein, ohne darum dick zu werden; den Alkohol braucht er, um sich geistig zu erregen. Anderen unterwirft er sich nicht gern, denn er liebt die Unabhängigkeit. Ist er an führender Stelle, so wird er leicht überheblich und hart. Seine symbolische Farbe ist Rot.

Das Ernährungs-Naturell ist egoistisch und kalt wie Blau. Dem Wesen dieser düsteren Farbe entspricht eine saturnische, grübelnde Betrachtungsweise mit ihrer sorgenden Einstellung. Das Gesicht des Ernährungsmenschen ist voll, rund und breitbackig, der Leib dicker als die Brust. Sein Denken richtet sich auf Bequemlichkeit, gutes Essen und Ruhe. Im täglichen Leben denkt der Ich-Mensch an Naheliegendes, Nutzbringendes und Praktisches. Sein Auftreten ist gewichtig, imponierend und meist durch Grund- oder Sachbesitz untermauert. An der Tradition hält er zäh fest und schwört nicht höher als auf die gute alte Zeit. Er weiß, wie er sich zur Geltung bringen und seine Wünsche erfüllen kann. Wenn es ihm nichts kostet, ist er gefühlvoll. Seine Gemütlichkeit geht ihm über alles. Weh aber dem, der seine Ruhe stört !

Dem Empfindungs - Naturell entspricht ein zartes, ideales Gelb. Nach seinem Wesen kann der Empfindungsmensch verglichen werden mit bescheidenen Blumen, dem Veilchen, dem Schneegläckchen, der Mimose, oder mit edlen Tieren wie dem Reh oder der Gazelle. Sein Körper ist feingliedrig, die Bewegungen anmutig und vornehm, die Augen seelenvoll. In seinem verfeinerten Inneren wohnt über das merkurische Wissen hinaus eine tiefe Herzensbildung. Seine Haut ist nervenreich, weich und blaß. Wie man die gelbgefärbten Dinge sorgfältig in acht nehmen muß, damit ihr feiner Farbton nicht geschädigt wird, so muß auch der Empfindungsmensch vor der Härte des Lebens geschützt werden. Für harte Arbeit ist er keineswegs geschaffen.

Im harmonischen Naturell sind schließlich Körper und Geist zu einer edlen Einheit verschmolzen. Diese ideale Anlage, in der alle notwendigen Eigenschaften in vollem Ausmaß vorhanden sind, kann sich in jeder Hinsicht erfreulich auswirken; sie baut auf, schafft Neues und formt ihr Leben zu einem schönen Ganzen. Harmonische Vollnaturen sind heiter und erreichen ein hohes Maß von innerem und oft auch von äußerem Glück. Ihre Farbe ist der strahlende Glanz des hellen, frohen und belebenden Sonnenlichtes, das alle bunten Farben ausgeglichen in sich trägt und überall, wo es hinkommt, Freude und Leben um sich verbreitet.

Die folgende Tabelle bringt mit ihren symbolischen Farb-Entsprechungen oder "Analogien" eine Zusammenstellung von Parallelen für die Erkenntnis spezifischer Seelenkräfte und metaphysischer Formprinzipien, die ebenso im Gebiet der Naturwissenschaften wie in dem der Kosmobiologie wirken und in ihrer Systematik einen Schlüssel für die Unterscheidung wichtiger Menschentypen zu geben versuchen.

Psychogramm 2: Analogien der drei Grundfarben

FARBE	ROT	GELB	BLAU
Seelenleben	Wille	Intellekt	Selbsterhaltung
Menschentyp	Willens-Mensch	Verstandes-Mensch	Ich - Mensch
Naturell	Bewegungs-N.	Empfindungs-N.	Ernährungs-N.
Hauptbetätigung	motorisch	visuell	akustisch
Keimblatt	Mesoderm	Ektoderm	Entoderm
E. Kretschmer	Athletiker	Leptosome	Pykniker
Geisteskrankheit	Epilepsie	Schizophrenie	Zyklothymie
Indisches Guna	Rajas	Sattva	Tamas
Zustand	Sein, Antrieb	Werden, Wechsel	Beharrung, Vergehen
Wesen	Begierde	Geistesarbeit	Trägheit, Genuß
Auswirkung	emotionell	intellektuell	materiell
Formprinzip	Gestaltung	Idee	Stoff
Tierkreiszeichen	aktive	veränderliche	feste ("fixe")
Planet	Mars	Merkur	Saturn
Gastheorie	Temperatur	Volumen	Druck
Mechanik	Kraft	Geschwindigkeit	Masse
Grundkraft	Expansion	Rotation	Attraktion

2. Introversive und extratensive Farben

Der Begriff der introversiven und extratensiven Farben wurde von W. Koch zum ersten Mal erörtert in seinem Buch "Innenmensch und Außenmensch. Eine astrologische Qualitätenlehre" 1956 Zenit-Verlag München 23 (vergriffen).

Die introversiven und die extratensiven Menschen unterscheiden sich in ihren Vorzugsfarben sehr charakteristisch voneinander. Die überwiegend nach innen Gekehrten bevorzugen dunkle und kalte Farben, auch Grau, die nach außen Gewendeten aber warme und helle. Dies entspricht ihrem sich absondernden und zwiespältigen bzw. sich aufschließenden und einheitlichen Wesen. Die warmen Farben sind extratensiv und stimulativ, sie wenden sich den Reizen der Umwelt zu. Gelbtöne verraten Kontaktnahme mit der Außenwelt und geistige Beweglichkeit. Die typische Farbe der Introversion ist violett. Liebhaber kalter Farben suchen mit dem fertig zu werden, was aus der Außenwelt auf sie zukommt oder lehnen es gar ab - jedenfalls ist das Innere wichtiger für sie.

Um diese Polarität von kalt - warm bzw. introversiv - extratensiv bemühte sich schon Goethe, und das folgende Psychogramm ist im Anschluß an Goethes Farbenlehre § 696 und Nachtrag gearbeitet.

Psychogramm 3: Polare Farbrichtungen

	Introversion	Extratension
Temperatur:	kalt, minus	warm, plus
Einzelfarben:	Grün, Blau, Violett	Rot, Orange, Gelb
Helligkeit:	Dunkel	Licht
Entfernung:	Ferne, hintergründig	Nähe, vordergründig
Bewegung:	Zentripetal Zug vom Beschauer weg Zurückweichen, Saugen	Zentrifugal Druck gegen den Beschauer zu Vordringen, Angriff, Strahlen
Pol:	negativ, Kathode	positiv, Anode
Geschlecht:	weiblich; Schwäche	männlich, Kraft
Elektrizität:	anziehend	abstoßend
Seite:	links	rechts
Chemische Verwandtschaft:	Alkalien Sauerstoff	Säuren Wasserstoff
Philosophische Kategorie	Beraubung Abmangel	Wirkung Überschuß
Zahl:	gerade	ungerade
Musik-Tonart	Moll	Dur
C. G. Jung:	introvertiert introversiv	extravertiert extratensiv
Sinnlich-seelische Wirkung:	passiv, leidend, weich beharrend, ruhig, sehnend beruhigend, bescheiden	aktiv, handelnd, tätig regsam, lebhaft, strebend erregend, aufdringlich

Zufolge seines Sozialtemperaments greift der rote Mensch aktiv hinaus in die Welt, um sie zu besitzen: er ist kraftvoll und kämpferisch. Der gelbe Mensch erschließt sich der Umwelt, um sie kennenzulernen und zu genießen, er schließt sich gern an andere Menschen an. Der grüne Mensch bleibt gelassen für sich, er ist friedlich, ruhig und bewahrt, was er besitzt. Aber der blaue Mensch weicht der Welt aus, er schließt sich von ihr ab und bleibt für sich, um sein Eigenleben für sich zu führen.

H. Frieling gab 1956 im Musterschmidt-Verlag Göttingen heraus einen Schnell-Test für Statistik und Charakterskizze mit den 23 Farben des Frieling-Testes "Der Farbenspiegel". Nach H. Frieling zeigen vier Farbmensch-Typen eine betont extratensive bzw. introversive Haltung, nämlich Gelb und Orange bzw. Grünblau und Violett. Es ist interessant zu sehen, daß die offizielle Farbenpsychologie zu ähnlichen Ergebnissen kam wie W. Koch. Deshalb werden hier Frielings Farbschilderungen mit leichten formalen Änderungen zwecks Vergleich wiedergegeben.

Der gelbe Mensch wendet sich nach Frieling mit Interesse den anderen und der Öffentlichkeit zu. Er ist vielseitig und wünscht sein Wissen stetig zu erweitern. Nervös und empfindsam, gehört er zu den Suchernaturen und kann daher bei entsprechender Neigung und Vorbildung Reporter, Journalist oder Werbeleiter werden. Leider gelingt es ihm nicht immer, alle Eindrücke restlos zu verarbeiten, und trotz aller Wendigkeit und vielleicht gerade ihretwegen fühlt er sich nie so recht erfüllt. Ist eine seiner geheimen Sehnsüchte gestillt, läuft er einer neuen Sehnsucht nach. Obwohl er sich innerlich meist distanziert, kommt er seiner Umgebung als lebhaft und kontaktfreudig vor und imponiert durch Gewandtheit im Reden.

Der orange Mensch zeichnet sich nach Frieling aus durch herzliche Wärme, Geradheit und Mitgefühl. Er teilt sich gern mit und liebt das Schweigen nicht. Trotz persönlicher Bescheidenheit ist er (oder sie) sich seiner äußeren Wirkung bewußt und läßt seinen Scharme offen sprechen. Er liebt Kunst und Schönheit und hat viel Sinn für Aufmachung und Schmuck. Er ist selbständig, ohne dabei sein starkes Liebesbedürfnis zu vernachlässigen. Hingabebereitschaft ist ihm sowohl in Beruf wie in der Ehe zu eigen. In der Unterhaltung ist er sehr geschickt, und sein größtes Vergnügen ist es, in einer Gesellschaft den Ton anzugeben.

Der grünblaue Mensch offenbart sich nach Frieling den Mitmenschen nicht sogleich, so daß niemand weiß, wie es wirklich in ihm aussieht. Er ist innerlich gespannt, unruhig, und seine geistige Selbständigkeit führt ihn zu destruktivem Denken. Sein Gefühl ist meist kalt und egozentrisch. Es fehlt ihm die Fähigkeit zu echtem Mitleid, sogar seine Liebe ist ohne Mitleid. Seine Triebe sind oft giftig - das Blaugrün ist ja eine ausgesprochen giftige Farbe. Von Verpflichtungen hält er nicht viel, da er sich nur ungern in das Schema einordnen läßt, das die bürgerliche Welt für notwendig hält. Dafür besitzt er Originalität, und er pflegt auch seine eigenständigen Neigungen. Auf den verschiedensten Gebieten kann er sich betätigen und neue Ideen entwickeln. Er hat das Zeug zum Revolutionär und ist freiheitlich auch in der Liebe. In der Malerei bringt er der jeweiligen modernsten Richtung Verständnis entgegen; vor allem muß die Kunst, die er liebt, gegenstandslos sein. Wenn er sich an das Spielen und Spekulieren verliert, kann das für ihn besonders gefährlich werden. Da er seine Gefühle verbirgt, merkt man ihm nicht an, daß ihn schon manche Schicksalsschläge getroffen haben. Er kann nur dann glücklich werden, wenn er seine Spannungen durch besondere Leistungen ausgleicht.

Der violette Mensch ist nach innen gekehrt. Seine Veranlagung dazu wird meistens bestärkt durch Verluste und Schicksalsschläge. An ihm fällt auf eine seltsame Mischung zwischen "Schweben", unverbindlicher Kontaktnahme und unmittelbarem Anschlußbedürfnis. Die violetten Frauen haben etwas fischehaft Lockendes, doch sie schenken dem, der bei ihnen Anlehnung sucht, keine Geborgenheit. Der violette Mensch gleicht nach Frieling auch einem immer Suchenden, er liebt insgeheim alles Mystische. Seine innere Unruhe glättet sich nur durch Hingabe an eine Idee oder durch Befriedigung schöpferischer Fähigkeiten. Nach außen gibt er sich würdevoll oder heiter, auch wenn er unter elegischen Stimmungen leidet. Läßt er sich zu einem Gespräch herbei, frisiert er die Wahrheit, ohne es zu merken, vielleicht sogar, ohne es zu beabsichtigen. Er neigt zu Neurosen und Angstgefühlen. Erfüllt ihn die Wirklichkeit mit Bitternis, geht er ihr aus dem Wege und flüchtet sich in Illusionen oder Betäubung.

3. Die vier Hauptfarben und die Temperamente

Für die psychologische Betrachtung der Farben ist das Vier-Farben-Schema sehr ergiebig, weil in ihm die Polarität der Farben beinah ebenso scharf heraustritt wie im Sechsfarbenkreis Goethes. Da die Natur um uns durch das Achsenkreuz der Himmelsrichtungen vierfach geortet ist, wohnt dem Vierfarbenkreis eine große Naturverbundenheit inne. In wissenschaftlicher Form gehen der Vierfarbenkreis und sein Vielfaches (8-Farben-Kreis usw.) auf das System der Gegenfarben von E. Hering (1834 - 1918) zurück. Psychologisch ist es möglich, hier straffe begriffliche Aussagen über die Wirkung der vier Grundfarben zu entwickeln. Da diese sich an vertraute Begriffskategorien anschließen, von denen besonders die vier Temperamente populär geworden sind, ist den graphischen Bedürfnissen der Gegenwart entsprechend, auch eine Darstellung in psychologischen Schemata, sog. "Psychogrammen", möglich. Deren begriffliche Exaktheit erlaubt eine gedrängte Darstellung.

Die griechische Naturphilosophie arbeitete mit den Urqualitäten Kalt und Warm, Trocken und Feucht. Durch Aristoteles wurden diese kanonisch. Die moderne Psychologie ergänzte diese Urqualitäten durch Kategorien wie passiv und aktiv, heteronom und autonom, bzw. statisch und dynamisch, gelöst und gespannt. Wegen ihrer inneren Entsprechung lassen sich diese Einteilungsprinzipien leicht in Analogien setzen. Alles Warme ist tätig, aktiv und dynamisch, alles Kalte passiv und statisch. Alles Feuchte ist gelöst und anschlußbereit (heteronom), alles Trockene gespannt und eigengesetzlich (autonom). Unter dem Feuchten verstehen wir hier das Feinfühlige, Weiche, Bildungsfähige und Biegsame. Das Trockene bedingt äußere Kraftanspannung, starre Entschiedenheit, Schärfe, Heftigkeit und, da auf jede Überspannung notwendig die Erschlaffung folgt, eine plötzliche und abgehackte Ungleichmäßigkeit.

Im ganzen genommen sind Gelb und Rot warm, Grün und Blau kalt. Die feuchten Farben Gelb und Grün sind gelöst und empfindsam; sie schließen sich ihrer Umgebung an, um ihr Gesetz von dieser zu empfangen. Die trockenen Farben Rot und Blau sind gespannt und triebhaft; voll Aktivität handeln sie nach eigenem Gesetz und behaupten sich selbständig. Alles Rote ist tätig, alles Gelbe aufnahmebereit, alles Grüne freut sich des vegetativen Daseins, alles Blaue schließt sich ab. Das Rot enthält den größten Grad von Spontaneität, seine Gegenfarbe Grün die größte Sensibilität; das eine ist stark, das andere schwach. Im Gelb finden wir ein schnell wirkendes Bedürfnis, die Welt geistig zu erfassen, im Blau Langsamkeit und die Tendenz, die Welt sich real zu eigen zu machen. Die hellen Farben Gelb und Grün sind heiterer als die dunklen, düsteren; die warmen Farben Gelb und Rot enthalten mehr Affekt als die dunklen. In dem folgenden Psychogramm Nr. 4 "Ableitung der Farb-Eigenschaften aus Urqualitäten" ist immer ein Farbpaar zusammengenommen und dem anderen gegenübergestellt. Dies ist das Gesetz der polaren Farbbetrachtung, das GOETHE formuliert hat. Zu dem außen stehenden Text gehören immer die beiden zunächst liegenden Farben.

Bei der Darstellung der vier Farben durch Psychogramme handelt es sich um eine Totalität, die in vier typische Teile zerlegt wird. Nach dem Prinzip der Polarität werden immer zwei gegensätzliche Farbpaare einander gegenübergestellt, während nach dem Prinzip der Affinität je zwei ähnliche Farbpaare mit analogen Merkmalen nebeneinandergestellt werden.

Psychogramm 4

Ableitung der Farb-Eigenschaften aus Urqualitäten

WARM

nach außen gewendet, lebhaft
ausdrucksfreudig, bewegt, erregend
schnell, aktiv, dynamisch

FEUCHT

schwach, weich, schmiegsam
gelöst, empfindsam
Gefühlshingabe, heteronom
Antriebsschwäche

GELB	ROT
GRÜN	BLAU

TROCKEN

stark, fest, starr
gespannt, triebhaft
Handlungswille, autonom
Selbstbehauptung

KALT

nach innen gewendet
verhalten, ausdruckskühl, ruhig
beharrend, langsam, passiv, statisch

Psychogramm 5

Charakter der vier Grundfarben nach Ähnlichkeiten und Gegensätzen

	hell zart, flach	dunkel heftig, tief	
warm, aktiv fluktuierend nah Tätigkeit	GELB vordergründig aufgeschlossen zerfließend	ROT bewegt begehrlich ausströmend	extratensiv ausstrahlend weit Wachheit
kalt, passiv gehalten, stetig perseverativ Zustand	GRÜN gelassen hingebend ruhend	BLAU hintergründig verschlossen innenstrebig	introversiv eng, begrenzt abständig Ernst, Stille
	Lust, Lösung gelind	Unlust, Spannung mächtig	

Stellt man die einzelnen Qualitäten zusammen, die Merkmale einer Einzelfarbe sind, kann man leicht deren Charakter umreißen. Das Gelb ist z.B. eine helle und warme Farbe. Beschwingt und spontan rückt es stets in den Vordergrund. Seine Aktivität zeigt es in dauernder Fluktuation. Doch ist die von ihm ausgehende Erregung nur flach und mehr eine Anregung, denn das Gelb ist schmiegsam und nachgiebig. So ist die Stimmung des Gelb besonders in seinen wärmeren Tönen eine gelöste Freude. Nur kältere Nuancen von Gelb können beunruhigen und irritieren.

Ein Eckpfeiler der Typologie des Menschen sind seit alter Zeit die vier Temperamente. Die Einteilung der menschlichen Wesensarten in die vier Temperamente entstand schon zur Zeit des HIPPOKRATES um 400 v. Chr. Den Aufbau der Welt aus den vier aristotelischen Elementen legte Otto J. Hartmann in "Erde und Kosmos", Klostermann, Frankfurt 1950, in einer den modernen Menschen ansprechenden Ausdrucksweise dar.

Nach der klassischen Beschreibung der Temperamente soll der feurige Choleriker aktiv, willensbetont, erregbar und jähzornig sein, der Sanguiniker lebhaft, beweglich, leichtfertig, oberflächlich und wandelbar wie Wind und Wetter, der Phlegmatiker mit seinem wässerigen Körper ruhig, langsam, gelassen oder gar teilnahmslos, der Melancholiker bedächtig, tief, langsam, fest wie die Erde, nachdenklich und bisweilen traurig. In Bezug auf die äußere Formung des Körpers beobachtete man, daß beim Choleriker die Beweglichkeit des Muskel-

Der extratensive Aussen-Mensch

Der feurige Choleriker

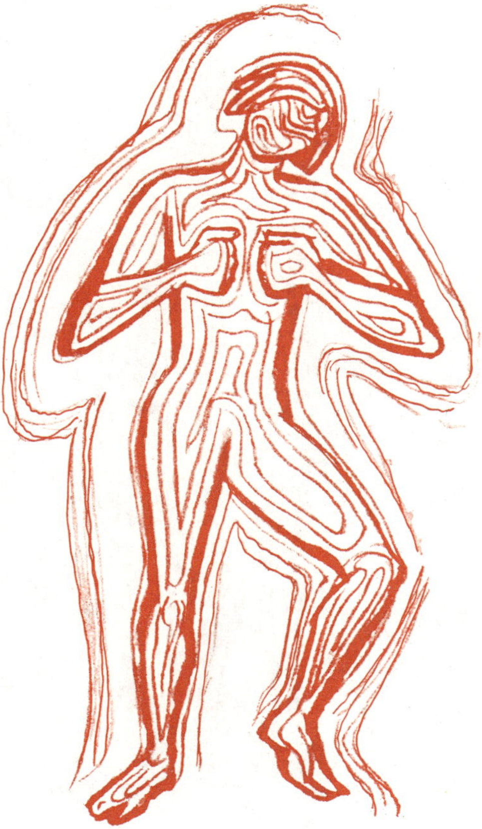

Der Choleriker ist warmblütig, schnell, kraftvoll und von gespannter Leidenschaftlichkeit erfüllt. Immer aktiv, energisch u. triebstark, verhält er sich manchmal auch impulsiv, streitbar und angeberisch. Er schätzt Lebensfülle u. Tatendrang, aber auch Lachen und Liebe, Jubel und Trubel.

Der luftige Sanguiniker

Der Sanguiniker ist heiter, lebhaft u. leichtblütig. Als Empfindungsmensch ist er in seinen Stimmungen veränderlich, doch bleibt er immer Optimist. Er verhält sich aufgeschlossen, sachlich, klar und nüchtern. knüpft schnell Kontakte und freut sich an anregenden Gesprächen.

Der introversive Innen-Mensch

Der erdhafte Melancholiker	Der wässerige Phlegmatiker

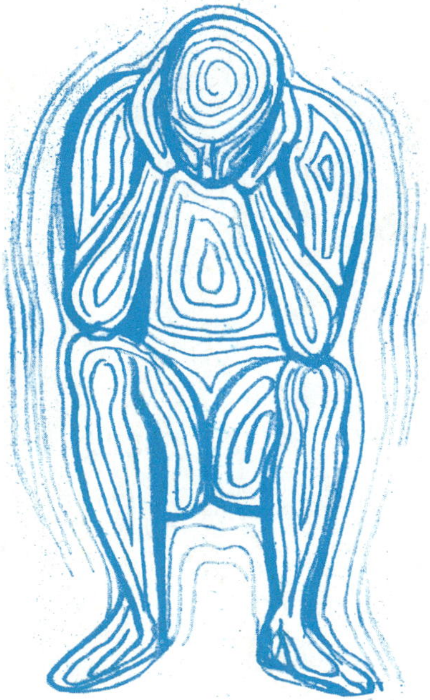

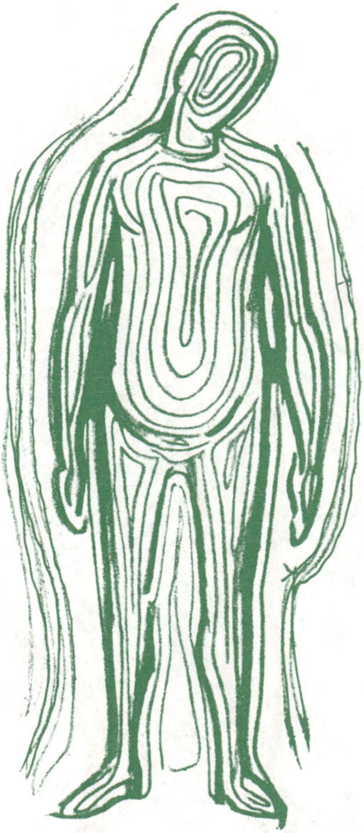

Der Melancholiker ist ernst, langsam, schwerblütig. Sein Denken ist zäh u. beharrend. Als passiver, zurückhaltender u. eigenlebiger Mensch verhält er sich vorsichtig, gemäßigt u. verschlossen. Seine Tugenden sind Ordnungsliebe, Pflichttreue u. Geduld. Leider neigt er zum Pessimismus.

Der Phlegmatiker ist ruhig, bedächtig, kaltblütig und von verhaltener Ruhe. Er verhält sich gleichmütig, gemütvoll und zufrieden, kann sich anpassen und hält sich im Hintergrund. Er neigt zu Beschaulichkeit u. Behaglichkeit u. will sich nicht aufregen. Mit ihm ist gut auszukommen.

Dr. H. Frieling, Leiter des Instituts für Farbenpsychologie in (8215) Marquartstein, gab 1968 seinem Monumentalwerk "Gesetz der Farbe" (DM 76.--) ein umfangreiches Literaturverzeichnis bei. Nach diesem Verzeichnis ist Dr. Koch's "Deine Farbe - Dein Charakter" zur Zeit das Einzige für ein größeres Publikum verständliche Buch über die Farben und deren Bedeutung.

apparates stark entwickelt ist, beim Sanguiniker Blutzirkulation und Drüsenapparat, beim Phlegmatiker das oft wasserreiche Fettgewebe, beim Melancholiker neben einem starken Knochengerüst das sensible Nervensystem. Es ist wohl schwer zu leugnen, daß in diesen Beschreibungen der Temperamente, die zugleich Wesentliches über die Beziehung der Farben zu den Körperfunktionen aussagen, auch die vier Hauptfarben in ihren Wesenszügen getroffen sind.

Die vier klassischen ("Galenischen") Temperamente werden aus den bekannten Urqualitäten Warm und Kalt, Feucht und Trocken mittels der vier antiken Elemente abgeleitet. Diese sind Feuer, Luft, Wasser und Erde; doch muß man sie begrifflich scharf trennen von den Grundstoffen der modernen Chemie und in ihnen die vier sog. Aggregat - Zustände der Stoffe sehen. Diese sind der strahlende oder kraftaussendende (Feuer), der gasförmige (Luft), der flüssige (Wasser) und der feste (Erde). Die Farben der vier klassischen Elemente sind selbstverständlich die vier Hauptfarben. Das kälteste und schwerste Element Erde hat als symbolische Farbe das kalte und schwere Blau. Im Grün des Wassers nimmt die Kälte allmählich ab, um sich im leichten Gelb der schwerelosen Luft zu erwärmen und im Rot des strahlenden Feuers zur Hitze zu steigern. In einem Zirkel von Warm-Kalt kann man sagen: Gelb regt an, Grün beruhigt, Blau kühlt ab, Rot muntert auf. Psychologisch entspricht die Erde der realen Durchsetzung, das Wasser dem seelischen Urgrund, das Gelb der geistigen Ordnung und das Feuer dem Lebenswillen.

Leicht lassen sich die typischen Eigenschaften der vier Temperamente graphisch darstellen. Die Neufassung des Psychogramms Nr. 6 stützt sich auf das Schema von den Ausdruckseigenschaften der Temperamente von G. W. Allport ("Persönlichkeit" deutsch zuerst 1949 bei Klett, Stuttgart) und auf noch unveröffentlichte Forschungen von K. Görsdorf ("Farbenzentrum").

Seit den Begründungen in der "Astrologischen Farbenlehre" von Bressensdorf und Koch, O. W. Barth, München-Planegg 1930, S. 73-81 sind die symbolischen Farben der Elemente und Temperamente allgemein bekannt geworden. H. Frieling bespricht sie in seiner "Psychologie der Farben", Studium Generale 13, 7, (1960) S. 438. In seinem bahnbrechenden Aufsatz "Farbe, Test und Temperament" im "Medizinischen Monatsspiegel" vom Juni 1958 legt K. Görsdorf ein mutiges Bekenntnis zur klassischen Temperamentenlehre ab: "Es besteht kein Zweifel, daß gerade die Hinwendung zur Farbenwelt in die temperamentmäßigen Neigungen eingeschlossen ist. So ist z. B. leicht einzusehen, daß die Melancholie zum Blau eine ganz enge Beziehung hat." So lassen sich nach Görsdorf und Frieling für die Temperamente moderne kurze Beschreibungen geben.

Typisch für die Ausdruckshandlungen des Melancholikers ist seine leicht passive, weiche, gleichmäßige und zur Monotonie neigende Bewegungsform. Er isoliert sich und grenzt sich ab, um sich sozusagen in sein eigenes Wesen einzubohren. Er ist innerlich und ernst, verhält sich gemessen und sieht auf Ordnung. Er denkt langsam und gründlich, seine Mühe geht auf die Erreichung praktischer Ziele.

Beim Sanguiniker ist lustvolle Freude am Werk. In voller Blüte erfreut er durch strahlende Fülle und sprühenden Geist. Allerdings sucht er sich manchmal zu überhöhen. Das bringt die Gefahr mit sich, daß seine negativen Seiten und Schwächen offenbar werden. Er ist impulsiv, ohne bedrängen zu wollen, lebhaft in Gestik und Mimik und hat viele Freunde, weil er Kontakte sucht und liebt.

Beim Choleriker ist nicht der Jähzorn das zentrale Merkmal, sondern der Mut, die Tapferkeit, die Energie, die Zähigkeit des Ich-Willens. Wie das Rot als Farbe einer Wand oder als Farbtupfen in einem Gemälde auf uns zukommt, so verhält sich der Choleriker eindringend, im eigentlichen Sinn "temperamentvoll" und nachdrücklich. Dieses mannhafte Wesen macht den Choleriker so eindrucksvoll.

Der Phlegmatiker bevorzugt das Grün, weil es als statische Farbe seinem Ruhebedürfnis entspricht. Er ist naturhaft und gefühlvoll; in seiner Phantasie überläßt er sich gerne Träumereien. Das Wort "phlegma" bedeutet im Griechischen "Schleim". Das "Schleimige" beim Phlegmatiker ist durchaus positiv aufzufassen, etwa im Sinn von Gelee oder Sülze - es äußert sich konservierend, bewahrend, großzügig, gestaltend und über weite Zeitstrecken hinaus kristallisierend.

Psychogramm 6

Elemente und Temperamente der vier Grundfarben

	feucht, gelöst nachgiebig, locker sensibel, gelind optimistisch	trocken, gespannt energisch, kompakt dominant, mächtig pessimistisch	
Integration spontan, veränderlich, leicht beschwingt dynamisch, regsam reizfreudig kurzrhythmig	LUFT Sanguiniker GELB heiter, lebhaft leichtblütig zerflatternde Empfindung	FEUER Choleriker ROT warmblütig schnell, kraftvoll gespannte Leidenschaft	Extratension warm, nah aktiv, bewegt Erregung, Unruhe reizstimulierend Gegenwartsbetont
Desintegration eigenlebig, fern passiv, verhalten statisch reizregulierend langrhythmig	WASSER Phlegmatiker GRÜN ruhig, zeitlos kaltblütig apathische Ruhe	ERDE Melancholiker BLAU ernst, langsam schwerblütig konzentriert. Denken	Introversion kalt, beharrend schwer, zäh gleichmütig reizverdrängend zukunftsbetont
	Hingabe asthenisch, schwach schmiegsam lustbetont	Selbstbehauptung sthenisch, stark fest unlustbetont	

4. VERGLEICHENDE CHARAKTERISIERUNG DER SECHS GRUNDFARBEN GOETHES

Psychogramm 7					
ROT - Mars	GRÜN - Mond	ORANGE-Venus	BLAU-Saturn	GELB-Merkur	VIOLETT-Neptun
trocken	feucht	warm	kalt	hell	dunkel
erregend	beruhigend	erwärmend	erkältend	lockernd	sentimental
stark	schwach	weich	fest	gelöst	gespannt
Wille	Gemüt	Gefühl	Verstand	Wahrnehmung	Ideal
Tatkraft	empfänglich	Empfindung	Denken	Vorstellung	Glaube
Begehren	Hingabe	Lebenslust	Betrachtung	aufmerksam	Phantasie
Bewegung	Ruhe	weltoffen	Vertiefung	Bewußtheit	Entrückung
Leidenschaft	gleichgültig	Ausdrucksfreude	Selbstbehauptung	Vermittlung	Entkörperung
laut	still	nah	fern	froh	dumpf
rührig	gelassen	heiter	ernst	klar	unklar
schweifend	bleibend	strahlend	saugend	sachlich	einseitig
brennend	neutral	leuchtend	schattend	aufhellend	verdüsternd
aktiv	passiv	regsam	langsam	offen	verschlossen
männlich	weiblich	schmiegsam	starr	leicht	schwer
triebhaft	indifferent	lebensvoll	lebensfern	frisch	matt
heftig	mild	besänftigend	beruhigend	anregend	hemmend
begehrlich	satt	belebend	erstarrend	schwebend	gehemmt
energisch	gehalten	hemmungslos	verhalten	munter	gedrückt
kraftvoll	kraftlos	feurig	kühl	beweglich	lahm
betriebsam	beschaulich	verströmend	vereinzelnd	vordergründig	hintersinnig
ROT	GRÜN	ORANGE	BLAU	GELB	VIOLETT

Psychogramm 8

GELB: Merkur - Zwillinge - Jungfrau
vordergründig, oberflächig, ausstrahlend
klar, licht, offen, beschwingt
aufgeschlossen, lösend, anregend

Merkur: regsam denkend
Zwillinge - goldgelb: gedanklich verbindend
Jungfrau - reingelb: kritisch erleuchtend

ORANGE: Sonne und Venus
gesellig, mitteilsam, schwungvoll
wärmend, nah, rührig, lebendig

Sonne: herzlich, warm
Venus: lebhaft empfindend
Stier: orangerot = triebhaft fühlend
Waage - ziegelrot: lustvoll genießend

ROT: Mars = aktiv, laut, spitz, tätig, energisch
ausströmend, bewegt, herrschend, dominant
sich vordrängend, dynamisch, extratensiv

Mars: kraftvoll handelnd
Skorpion - reinrot: tätig wirkend
Widder - purpurrot: drangvoll schaffend

VIOLETT: Jupiter und Neptun
hintergründig, vertiefend, schwer, dumpf
zwiespältig, sehnsüchtig, unklar
unentschieden, gespannt, introversiv

Jupiter - indigo: würdevoll erkennend
Schütze - indigo: weise leitend
Neptun - violett: versponnen träumend
Fische - violett: sehnsüchtig beschauend

KALTBLAU: Saturn = innenstrebig, ansaugend, verschlossen,
dicht, fern, kühl, sich verkriechend, weichend

Saturn: ernst betrachtend
Steinbock - kaltblau: kühl gebietend
Wassermann - türkisblau: eigenwillig, unrastig
Uranus - türkisblau: impulsiv gestaltend

GRÜN: Mond und Sonne
Seegrün - Mond mit Krebs: gefühlvoll hindämmernd
friedlich, passiv, still, gelassen
hingebend, ruhend, selbstgenügsam, beharrend
Sonne mit Löwe - Gelbgrün: harmonische Lebensfülle

6. VIER POLARITÄTEN UND SEKUNDÄRE FARBEN

Der acht-teilige Farbkreis ist sehr interessant, weil er vier Polaritäten enthält, die für die Charakterkunde wesentlich sind.

Psychogramm 9: DIE VIER FARB-POLARITÄTEN

Positiv		Negativ	
gelb orange	Helligkeit Wärme	Dunkelheit Kälte	blau blaugrün
rot gelbgrün	Aktivität Lösung	Passivität Spannung	grün violett

Im achtteiligen Farbkreis finden die vier sekundären Farben Orange, Violett Blaugrün und Gelbgrün ihren Platz, wie das Psychogramm 10 zeigt.

Psychogramm 10: Acht-teiliger Farbkreis

Hell GELB leicht
klar, locker
ausstrahlend
vordergründig

gelöst, heiter
GELBGRÜN
weich, zart
behaglich

warm, extratensiv
ORANGE
satt, voll
gesättigt

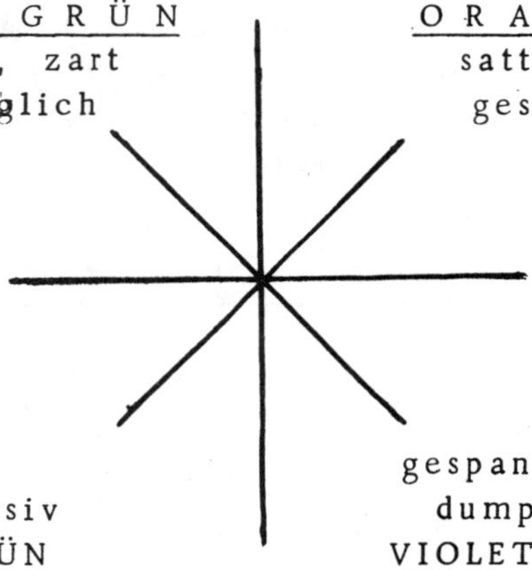

passiv
beruhigend
GRÜN
friedlich
gelassen
schmiegsam

aktiv
erregend
ROT
vordrängend
kraftvoll
herrschend

kalt
introversiv
BLAUGRÜN
unabhängig
egozentrisch

gespannt
dumpf
VIOLETT
herb, ernst
zwiespältig

hintergründig
zurücktretend
schwer, fest
dunkel BLAU dicht

Dementsprechend sind die vier sekundären Farben, die ja zum Teil im klassischen Sechsfarbenkreis Goethes als selbständige Farbcharaktere auftreten, eigenständige Individualitäten nach folgendem kombinatorischen System:

Psychogramm 11: DIE VIER SEKUNDÄREN FARBEN

GELBGRÜN gelassene Vordergründigkeit weltoffenes Gefühl hingebende Aufgeschlossenheit sanfte Hoffnungsfreude angeregte Erlebnisbereitschaft	ORANGE bewegte Vordergründigkeit herzliche Wärme aufgeschlossene Triebhaftigkeit entspannter Frohsinn heitere Rührigkeit
BLAUGRÜN gelassene Hintergründigkeit kalte Verschlossenheit abständige Entbundenheit ichbezogenes Verharren beschaulicher Ernst	VIOLETT bewegte Hintergründigkeit verschlossene Begehrlichkeit spröde Gespanntheit drangvolle Sehnsucht verzichtende Schwermut

7. PARFÜM UND FARBE

Die Kunst der Parfümbereitung kann nur von Spezialisten ausgeübt werden, die dafür eine Spezialbegabung besitzen ("einen guten Riecher haben"). Wunderbar ist es, daß man diese Kunst wissenschaftlich erforscht und in ein System gebracht hat. Paul Jellinek "Die psychischen Grundlagen der Parfümerie", Heidelberg 1951, untersuchte die Parfümerie mit den Mitteln der modernen Psychologie und es gelang ihm sogar, zu den von ihm aufgestellten acht Grund-Geruchstypen analoge Farben zu ermitteln. Jellinek hat eindeutige Analogien von Gerüchen und Farben aufgedeckt. Dabei bestehen vier Polaritäten.

Psychogramm 12: DIE VIER POLARITÄTEN DER PARFÜMS

Laubgrün	frisch	schwül	Violett
GELB	stimulierend	narkotisch	Ultramarinblau
Orange	exaltierend	beruhigend	Eisblau
ROT	erotisch	anti-erotisch	Seegrün

Jedes Parfüm besteht aus den verschiedensten Bestandteilen; in deren Dosierung besteht die Kunst des Parfümeurs. Heutzutage kann jedes Parfüm aus einzelnen chemischen Duftstoffen hergestellt werden, doch gibt es natürlich Kenner, die das natürliche Rosenwasser dem künstlichen vorziehen und das natürliche Lavendelöl mehr lieben als das synthetische. Die sorgfältig geheimgehaltenen Parfümrezepte enthalten nicht nur die einzelnen Bestandteile, sondern auch deren Menge. In seiner graphischen Darstellung solcher Kompositionen reiht Jellinek zur Bezeichnung der Komponenten Farbstreifen verschiedener Länge aneinander.

Jellinek gibt verschiedene Beispiele von Geruchs-Wirkungs-Spektren. Nach ihm ist Bulgarisches Rosenöl stimulierend, erotisierend und narkotisch; es umfaßt den gelben, roten und den ultramarinblauen Teil des Spektrums. Ganz im Gegensatz dazu ist das Französische Lavendelöl anti-erotisch, beruhigend und narkotisierend; es geht von Ultramarin über Eisblau zu Grün. Jasmin-Essenz fügt zu den Bestandteilen des Rosenöls noch eine grüne, beruhigende Komponente; deswegen wirkt es im Ganzen schwül wie Violett, dessen Brodem ja durch die Mixtur gegensätzlicher Komponenten entsteht. Ein Meisterstück der Komposition ist aber das Chypre-Parfüm von Coty, das schon durch seinen Namen an Kypros, die Heimat der Liebesgöttin Venus-Aphrodite erinnert. Chypre enthält sieben verschiedene Wirkungsarten von Parfüm, nur die eine nicht, die "frisch" ist und dem Laub-Grün entspricht.

Die zu jedem Parfüm gehörigen symbolischen Farben werden in der Form von Streifen wiedergegeben, in denen die einzelnen Farben jeweils nach ihrer Quantität verschiedene Ausdehnung erhalten. Bei Chypre kann das Geruchs-Wirkungs-Spektrum in geschlossener Ringform wiedergegeben werden, weil ja nur die eine Farbe ausfällt, die an frisches grünes Laub erinnert und daher aus dem erotisch-schwülen Boudoir verbannt ist. Ganz auffallend ist noch bei Chypre, daß die Hälfte des Spektrums vom exaltierenden Orange eingenommen wird.

Psychogramm 13: Spektrum der Geruchswirkungen nach Jellinek

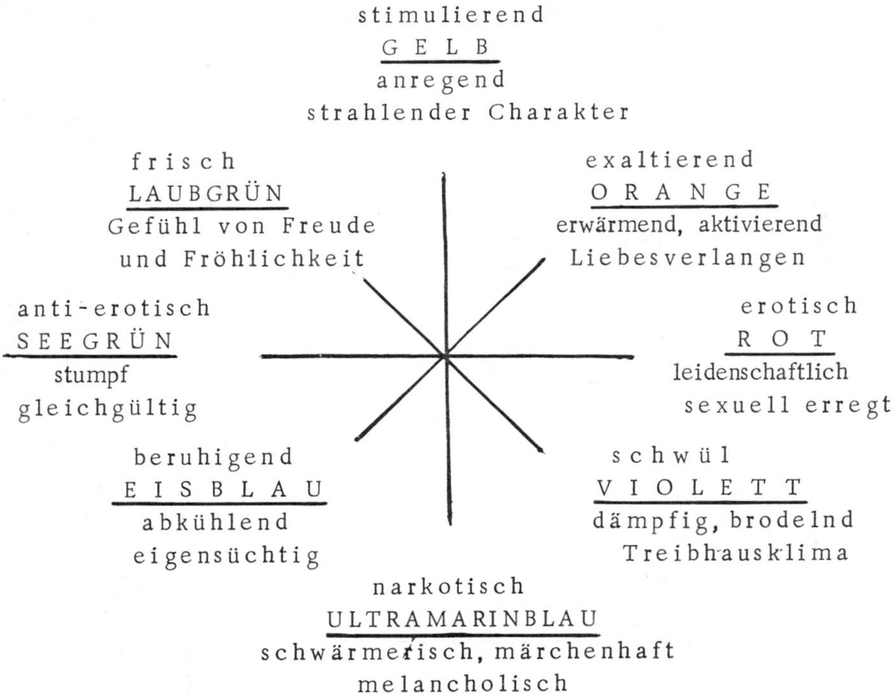

Im Psychogramm 13 stehen die Hauptbegriffe von Jellinek über den Farbnamen. Bei den Farbnamen benützt dieser die Ausdrücke von Ostwald; anstatt "erotisch" sagt er "erogen" und anstatt "anti-erotisch" vielmehr "anti-erogen". Die Begriffe unter den Farbnamen sind Kommentare; diese stammen zum Teil von dem Farbenforscher ZEYLMANS (1923).

Jedes Parfüm kann durch Angabe des Schwerpunkts seiner Geruchswirkung oder durch Aufstellung seines Geruchs-Wirkungs-Spektrums genau charakterisiert werden. Wenn man nun die von Jellinek aufgestellten Typenschemata, das Alters- und Betätigungs-Schema sowie das Berechnungsschema heranzieht, kann ein mit dieser Typologie vertrauter Kosmetiker dem Kunden (bzw. der Kundin!) helfen, an Stelle einer gefühlsmäßigen Auswahl eine mit weitgehender Sicherheit eindeutige Bestimmung des passenden Parfüms zu treffen. Für die Ermittlung des individuellen Parfüms, das die kultivierte Dame mit ihrer ganz persönlichen Atmosphäre umgibt, sollte natürlich ebensoviel Zeit und Mühe wie für Material, Farbe, Schnitt und Paßform einer Abendrobe aufgewendet werden.

Anhang: SYNÄSTHESIEN

Der Begriff "Synästhesie" besagt, daß bei Reizung eines Sinnesorgans ein anderes Sinnesorgan mit-erregt wird. Es können sich also Geruchs- und Geschmacks-Wahrnehmungen mit Farbvorstellungen verbinden. Über Ergebnisse von Untersuchungen an Menschen mit dieser besonderen Begabung berichtete K. Görsdorf in der Zeitschrift "Fette, Seifen, Anstrichmittel" 56. Jg. Nr. 11 - 1954 S. 948 f. in seinem Referat "Farbgestaltung und Sinneskunde".

Psychogramm 14: Die vier Geschmacksrichtungen in Farben

süß	rot	salzig	grün
bitter	blau	sauer	gelb

Psychogramm 15: Farben und Gerüche

Paprika-rot	scharf
Rotorange	pfeffrig
Orangegelb	fruchtig
Goldocker	herb
Braun	brenzlich
Olivgrau	stinkend
Graugrün	moderig
Gelbgrün	harzig
Blaugrün	würzig
Ultramarin	rein, ozonig
Purpurrosa	blumig
Pastell-Töne	mild
Hellblau	desodorierend

8. Astrologische EDELSTEINLISTEN

Seitdem der Glaube an die Macht der Sterne die Menschen erfüllt, sah man in den Edelsteinen Unterpfänder himmlischer Hilfe, und sorgfältig gaben die alten Astrologen die Traditionen über Verwandtschaft von Planeten und Steinen weiter. Nicht das Ungefähr schuf diese Deutungen, sondern die instinktiv gefühlte Kraft, die von diesen Bürgen göttlichen Schutzes ausgeht. Als einzigartige Geschenke der Natur enthalten die Edelsteine Kräfte, die imstande sind, die seelische Einstellung des Trägers und sein Schicksal zu beeinflussen. Seit den ältesten Zeiten hat die Volksseele den edlen Steinen Einflüsse auf die Gewinnung von Tugenden, auf die Abwehr von Gefahren, auf Gelingen und Gewinnen, auf Gunst und Glück, zugeschrieben. In den alten Gedichten über die Kräfte der Edelsteine werden ihre Wirkungen erklärt aus dem Gesetz der Sympathie, dem inneren Band, das alle Dinge zusammenhält. Wenn alles, was in der Natur lebt und webt, miteinander verwandt ist und Körper gleicher Schwingungen aufeinander wirken, sind die Edelsteine als Träger siderischer Mächte imstande, die geistigen und biologischen Kräfte des Kosmos, der Planeten und der Zeichen, an sich zu ziehen, in denen ähnliche Potenzen vorherrschen. Wer edle Natursteine als geeignete Vermittler zu höheren Helfern und Verstärkern ihrer fluidalen Strömungen in richtiger Auswahl an seinen Körper anschaltet, der kann durch Übertragung der im Weltall flutenden Strahlen seine Seele und sein Schicksal aufs tiefste und glücklichste beeinflussen.

Alle Menschen, die sich mit dem Kosmos verbunden fühlen, haben von jeher danach gestrebt, für sich selbst den richtigen Edelstein auszuwählen. Jeder Astrologiekundige wird sich natürlich für seinen individuellen Stein entscheiden. Die von Dr. Koch geschaffenen astrologischen Edelsteinlisten wurden zuerst veröffentlicht in dem von Dr. Hubert Korsch-Düsseldorf herausgegebenen Zentralblatt für astrologische Forschung "Zenit", Jahrgang 4, Juni 1933, Seite 245. Der 12. Deutsche Astrologenkongreß in Stuttgart faßte am 4. Juli 1934 einstimmig den Beschluß, Dr. Koch's kritisch gesichtete Tabellen der Planetensteine und der Tierkreiszeichensteine zur Buchveröffentlichung zu empfehlen und dadurch die Bestrebungen der Deutschen Goldschmiedezeitung auf Ergänzung der bisherigen Monatssteinlisten durch die neuen astrologischen Tabellen zu unterstützen. Diese wurden in dem Buch "Die Seele der Edelsteine" (226 Seiten) von Dr. Koch im Richard Hummel-Verlag, Leipzig 1934, mit warmen Empfehlungen der Handwerkskammer Idar (Trier-Birkenfeld) und des Vorsitzenden der Astrologischen Zentralstelle, Dr. Korsch, der Öffentlichkeit übergeben. Fachschuldirektor Otto Holstein steuerte dazu ein Kapitel bei. Leider ist dieses Buch heute kaum mehr aufzutreiben. Hitlers Geheime Staatspolizei vernichtete 1941 den Bestand radikal.

Dr. Koch's Edelsteinlisten, die inzwischen durch langjährige Erfahrungen bestätigt wurden und sehr oft, auch ohne Genehmigung und ohne Nennung des Verfassers abgedruckt wurden, werden im folgenden auszugsweise in Tabellenform und teilweise mit Deutungen wiedergegeben.

Psychogramm 16: PLANETENSTEINE

Sonne mit Löwe: Diamant, gelblichgrüner Chrysoberyll
Mond mit Krebs: Mondstein, Perle, Smaragd
Mars mit Widder und Skorpion: Rubin (auch Sonne) und Granat
Merkur mit Zwillinge und Jungfrau: Edeltopas, gelber Saphir
Jupiter mit Schütze: Lapislazuli
Venus mit Waage und Stier: Hyazinth und Patparadscha
Saturn mit Steinbock: kaltblauer Saphir und Spinell, Onyx
Uranus mit Wassermann: Aquamarin, Falkenauge
Neptun mit Fische: Amethyst

Psychogramm 17: HAUPTWIRKUNGEN DER PLANETENSTEINE

1. Sonne	Diamant	Gnade, Gunst, Macht, Ehre, Sieg
2. Mond	Smaragd	Gefühlstiefe, Einfühlung, Hoffnung, Ruhm
3. Mars	Rubin	Energie, Kühnheit, Kampflust, Durchsetzung
4. Merkur	Edeltopas	Gewandtheit, Urteilskraft, Schöpfergeist
5. Jupiter	Lapislazuli	Größe, Weisheit, Sympathie, Schutz v. Unglück
6. Venus	Hyazinth	Schönheit, Liebe, Fröhlichkeit, Reichtum, Glück
7. Saturn	Saphir blau	Strenge, Vorsicht, Gewalt, Ausdauer, Vertiefung
8. Uranus	Aquamarin	Antrieb, Spannung, Eigenart, Wandlung
9. Neptun	Amethyst	Glaube, Sehnsucht, Phantasie, Ideal

Psychogramm 18: Werte und Tugenden der Planetensteine

Edelstein	Ausstrahlung von	Hilfe durch	Schutz gegen Laster
1. Diamant	Lebensfülle	Eifer	Hochmut
2. Smaragd	Anpassung	Hingabe	Neid
3. Rubin	Schaffensfreude	Mut	Zorn
4. Edeltopas	Vermittlung	Barmherzigkeit	Geiz
5. Lapislazuli	Wohlwollen	Mäßigkeit	Völlerei
6. Hyazinth	Harmonie	Zärtlichkeit	Unzucht
7. Blauer Saphir	Logik	Demut	Trägheit
8. Aquamarin	Intuition (Ahnungskraft)	Selbständigkeit	Eigensucht
9. Amethyst	Inspiration (Hellfühlen)	Aufopferung	Rauschsucht

Beilage zu den Edelsteinlisten in

DEINE FARBE — DEIN CHARAKTER
von Dr. Walter A. KOCH

QUARZE
Chalcedon
Heliotrop
Blutjaspis
roter
Jaspis
Rosenquarz
Karneol
Chrysopras
Sard-Onyx
Onyx

Türkis
Türkismatrix
Granat
Opal
Lapis Lazuli
Hämatit
Blutstein
Malachit
Mondstein
Quarzkatzenauge
Tigerauge
Falkenauge

KORUND
Rubin
Saphir
Padparadscha
Chrysolit
Peridot (Olivin)
Spinell
Bernstein
Koralle
Chrysoberyll

Psychogramm 19: EDELSTEINE UND FARBEN DER PLANETEN UND ZEICHEN

Nr.	Tierkreiszeichen	Geburtstag	Planetenherrscher	Edelstein	Schmuckstein	Metall- oder Mineralfarbe	Hauptfarbe	Nebenfarbe
1	Widder	21.3.- 20.4.	Mars Pluto	Granat Diamant	Roter Jaspis Indischer Karneol	Roteisenstein	purpurrot	orangegelb
2	Stier	21.4.- 20.5.	Venus	Hyazinth Koralle	Orange Karneol Rosenquarz	Kupferkies	gelborange	reingrün
3	Zwillinge	21.5.- 20.6.	Merkur	Edeltopas	Goldtopas Tigerauge	Zinnober (Quecksilber)	orangegelb	gelbgrün
4	Krebs	21.6.- 20.7.	Mond	Smaragd Perle	Chrysopras Mondstein	Silber	reingrün	violett
5	Löwe	21.7.- 22.8.	Sonne	Diamant Chrysoberyll	Bergkristall Goldquarz	Gold	gelbgrün	purpurrot
6	Jungfrau	23.8.- 22.9.	Merkur	Gelber Saphir Bernstein	Zitrin gelber Achat	(Bernstein)	reingelb	reingelb braun
7	Waage	23.9.- 22.10.	Venus	Patparadscha (orange Korund)	Orange Topas Rauchtopas	Rotkupfererz	rotorange	grünblau
8	Skorpion	23.10.- 21.11.	Mars	Rubin Blutstein	blutroter Karneol Sarder	Eisenrost	reinrot	schwarz
9	Schütze	22.11.- 21.12.	Jupiter	Lapislazuli	Chalcedon Heliotrop	Lasurblau	indigo	rotorange
10	Steinbock	22.12.- 20.1.	Saturn	blauer Saphir Spinell	Schwarzer Onyx Quarzkatzenauge	Blei-Grau	eisblau schwarz	reinrot
11	Wassermann	21.1.- 20.2.	(Saturn) Uranus	Aquamarin Falkenauge	Türkis Türkismatrix	Türkis bis Aquamarin	grünblau	grau
12	Fische	21.2.- 20.3.	(Jupiter) Neptun	Amethyst Opal	Amethystquarz	(Veilchen)	violett	indigo

Psychogramm 20:

FÖRDERUNG DURCH SCHMUCKSTEINE

Tierkreiszeichen	Schmuckstein	Amulett für	Talisman für	Hilfe durch Tugend	Schutz gegen Laster
1. Widder	Jaspis	Kraft, Energie	Wollen und Unternehmen	Arbeitsamkeit	Faulheit
2. Stier	Karneol	Geld und Gut	Liebe und Begehren	Sanftmut	Hartnäckigkeit
3. Zwillinge	Goldtopas	Schutz gegen Unfälle	Verstand, Vernunft	Gewandtheit	Verzweiflung
4. Krebs	Chrysopras	Familienglück	Gemütstiefe	Milde	Zurückweichen
5. Löwe	Bergkristall	Erlebniskraft	Selbstbewußtsein	Stolz	Hochmut
6. Jungfrau	Gelber Achat	Gesundheit, gute Diener	Erkenntnis, Logik	Ordnungsliebe	Kritiksucht
7. Waage	Orange Topas	Frieden und Ausgleich	Einigung und Harmonie	Gerechtigkeit	Strenge
8. Skorpion	Sarder	Langes Leben, Erbe	Wunschkraft, Festigkeit	Starkmut	Niedertracht
9. Schütze	Chalcedon	Klugheit, Urteil	Aufbau, Erweiterung	Glaube	Rechthaberei
10. Steinbock	Onyx	Geduld und Berechnung	Ernst, Ehrgeiz	Mäßigkeit	Härte
11. Wassermann	Türkis	Glückszufälle	Idealismus, Eigenart	Wohltätigkeit	Widerspruchsgeist
12. Fische	Amethyst	Vereitelung feindlicher Anschläge	Hingabe, Frömmigkeit	Demut	Einbildung

9. DIE FARBEN DER MENSCHLICHEN AURA

Nach theosophischen Lehren besitzt der Mensch eine Strahlenhülle, die von Sensitiven in Farben gesehen werden kann. Darüber stellte C. W. Leadbeater Studien und Beobachtungen an in den Büchern "Der sichtbare und der unsichtbare Mensch" und "Gedankenformen" (dies zusammen mit Annie Besant) beide Theosophisches Verlagshaus, zuerst 1905/1908. (Neudruck von "Der sichtbare und der unsichtbare Mensch" mit schönen Farbtafeln 1964 im Verlag Bauer-Freiburg).

Selbständig forschte F. Wehofer (Feerhow) in "Die menschliche Aura und ihre experimentelle Erforschung", Max Altmann, Leipzig 1926. In seiner "Astrologischen Farbenlehre" gab W. Koch ausführliche Zusammenfassungen über die Bedeutungen der Aura-Farben, ihm folgend K. Spiesberger in "Die Aura des Menschen", Bauer 1963. Der Bauer-Verlag vertreibt auch eine "Aurabrille".

Die Gabe des Aura-Sehens ist ziemlich weit verbreitet, doch wird sie meist geheim gehalten. Von den derzeitigen Parapsychologen besitzt Frau Dr. Gerda Walther diese Gabe.

Im folgenden werden im Anschluß an Leadbeater Farbdeutungen gegeben, die auf okkulte Weise mittels außersinnlicher Wahrnehmung durch viele Einzelbeobachtungen gewonnen wurden. Naturgemäß können sie nur kurz und unvollständig sein.

Farben der Aura

Weiß	reine Geistigkeit, Göttliche Strahlung
Olivgrün	Anpassungsfähigkeit
Apfelgrün	Lebenskraft, Seinsfülle
zartes Glanzgrün	Hilfsbereitschaft, Sympathie
Smaragdgrün	Offenherzigkeit, Freimut
Wiesengrün	Mitgefühl
dunkles Seegrün	Friedfertigkeit
getrübtes Grün	Verschlagenheit, Betrug, Verrat
bräunliches Trüb-Grün	Eifersucht
klares Gelb	hohe Verstandeskraft
gelborange	scharfer Verstand
Bräunlichgrau	Verschlagenheit
Orange	edles Denken
Hellorange	Selbstbewußtsein, Strebsamkeit
Orangerot	Kraft und Zeugung, Begehren, Genuß
glühendes Rotorange	Kampf für Ideale, hoher Tatendrang
Orangebraun	Stolz, Eitelkeit

zartes Rot	tätige Liebe, Liebe ohne Selbstsucht
klares Feuerrot	reine Liebe
Dunkelrot	Leidenschaft, Begierde
Purpurrot	Liebe, Erkenntnis, Gerechtigkeit, Heldentum
schmutziges Dunkelrot	niedere Sinnlichkeit, Perversität
Rot mit dunklen Wolken	selbstische Liebe, Genußsucht
schwärzliches Dunkelrot	Bosheit
trübes Dunkelrot	Zorn
trübes Ziegelrot	Hochmut
hartes Graubraun	Selbstsucht, Habgier
trübes Braungrau	Lieblosigkeit, Egoismus
Rotbraun	Erdgebundenheit, Sinnlichkeit
Graubraun mit roten Tupfen	Eifersucht
Rosa-Lila	Liebe zur Menschheit
Lila	Entsagung, süße Sehnsucht, Schwärmerei
reines, leuchtendes Rosa	selbstlose Liebe
Blaßlila	hohe Geistigkeit
Violett	Enthaltsamkeit, Askese, Resignation, Vergeistigung
Blauviolett	mit Liebe verbundene Frömmigkeit
Violett mit Silber	höhere Vollkommenheit in Erkenntnis und Erleben
Violett mit Gold	höchste für Menschen erreichbare Vollkommenheit
Veilchenfarbe	Stille, Verborgenheit, zarter Duft
mattes Blau	stille Geruhsamkeit
zartes Blau	Weichheit und Frömmigkeit
Hellblau	Hingabe an ein hohes Ideal
Ultramarin	Religion, Moral, Philosophie
Dunkelblau	reines religiöses Empfinden
schmutziges Blaugrau	Religiöses Gefühl mit Furcht vermischt
kaltes Stahlblau	Materialismus, Gewinnstreben
Bläuliches Fahlgrau	Angst, Furcht
Grau	Öde, Leere, Schwäche
schweres, bleifarbiges Grau	Niedergeschlagenheit
Schwarzgrau	Hypochondrie, Melancholie
Grauschwarz	Gram, Trauer
Schwarz	Schlechtigkeit, satanische Gedanken
Tiefschwarz	Haß, Grausamkeit
Kohlschwarz	Zerstörung, Satanismus

1. Der grüne Mensch

So wie es bei der Farbe Grün verschiedene Töne gibt, die vom schweren Blaugrün über das volle Saftgrün zum lichten Lindgrün reichen, so gibt es auch bei den grünen Menschen verschiedene Typen, deren Wesen zwischen Starre und Auflockerung, zwischen Schwere und Aufgeschlossenheit schwankt. Hier handelt es sich natürlich nur um den Normaltyp, der das satte Grün des Sommers liebt. Dieser ist voll von gesundem Leben. Sein natürlicher, unverbildeter Instinkt leitet ihn. Jedem Eindruck von außen steht er empfänglich gegenüber, und innerlich ist er empfindsam. Infolge dieser Offenheit für die Umwelt ist er aufgeschlossen, umgänglich und teilnahmefreudig. Auch hat er für alles Materielle großes Verständnis. Dies hindert nicht, daß sein Inneres reich an Gefühlen ist. Die Innenwelt ist bei ihm sehr betont. An geistigen Einstellungen und an der Tradition hält er sehr fest. Er sinniert gern und läßt sich kaum von Leidenschaften hinreißen. Kraftanstrengungen sind ihm zuwider. Er strebt nicht nach Freiheit, sondern wünscht ein bequemes Leben ohne Reibungen und ist froh über jeden Tag, den er nett und ohne Aufregung verbracht hat, froh auch über das gute Essen, den schönen Besitz. Er liebt den Wohlstand, weil er ihm den behaglichen Genuß des Daseins ermöglicht. Darum achtet er den Wert des Geldes und möchte, wenn es geht, seinen Lebensstandard noch weiter verbessern. Die dazu nötige Tätigkeit würde er allerdings gern anderen überlassen. An Reisen und Luxus hat er Freude, aber er kann auch darauf verzichten; denn wichtiger ist ihm die Ruhe seines Gemütes. Ohne seine geistigen Ansprüche höher als auf eine genügsame Mittellinie zu schrauben, ist er zufrieden mit seinem Dasein, das sich in der Hingabe an den Alltag wohlfühlt, und findet sein Glück in der inneren Harmonie, die aus Sicherheit und Geborgenheit entspringt. Er ruht, wie Goethe sagt, in vollkommener realer Befriedigung auf heiterem Grunde. Er will nicht weiter und er kann nicht weiter.

Der grüne Phlegmatiker läßt sich nicht leicht erregen. Er ist schwer beeinflußbar und träge wie eine Wasserfläche, die sich sofort wieder beruhigt, wenn der Wind nachläßt. Bei niederen Typen kann die Ruhe des Grün in Gleichgültigkeit und Untätigkeit umschlagen. Gemächlich und satt, sind sie an Neuem nur wenig interessiert. Die unentwickelten Grün - Typen überlegen nicht viel, sie handeln aus dem Unterbewußtsein heraus. Sie haben wenig Schwung, versteigen sich nicht in Affekte und fühlen sich auch in engen Verhältnissen wohl. Schon die kleinen Freuden des Alltags sind eine Aufmunterung für sie. Erfüllt von dieser Teilnahme-Freude, hoffen sie, daß es so bleiben wird und sie können auch nicht davon lassen, zu hoffen, daß es besser wird, auch wenn die Hoffnung nicht zu verwirklichen ist.

Alle grünen Typen lieben das Naturhafte, das Sich-Gehen-Lassen, weil sie sich nicht mit der Tiefe belasten wollen. Auffallenderweise gehören viele Techniker hierher, die als Gegengewicht zu ihrer Aufgabe, die Welt zu bewältigen, das

Klare, Einfache und Unkomplizierte des Grün brauchen. Beim Mann deutet das Grün vorwiegend auf Anschlußbereitschaft, bei der Frau dagegen verrät es eher einen männlichen Einschlag, insofern sie nach Selbständigkeit strebt. Gemeinsam ist allen grünen Menschen die Kinderliebe und der Hang, etwas zu produzieren. Sie sind praktisch veranlagt und erst dann glücklich, wenn sie eine Betätigung gefunden haben, wo sie diese Fähigkeiten verwerten können. Die grüne Frau ist die geborene Hausfrau und Mutter. Der grüne Mann ist der gute Geschäftsmann, der das Seelenleben des Normalkunden genau kennt, und kann sich daher der schwankenden Konjunktur sehr gut anpassen. Gärtner, Förster, Bäcker, Landwirte, Kleinhändler mit Lebensmitteln, Kaufleute in Gegenständen des täglichen Bedarfs, auch Fabrikanten von Modeartikeln, die schnellen Absatz brauchen, gehören zu dieser Gruppe. Der grüne Mensch hat die natürliche Fähigkeit, aus wenigem viel zu machen, und findet Befriedigung daran, seinen Nebenmenschen das Leben zu erleichtern. Er besitzt einen angeborenen Geschäftsinstinkt und wird daher kaum unvorsichtig disponieren. Wenn er kein Gewerbe treibt, das dem Lebensunterhalt dient, so sorgt er für Unterhaltung, z.B. als Schauspieler. Er hat guten Kontakt mit der Umwelt und ist daher auch geeignet für Posten, die Menschenkenntnis, Takt und Einfühlung verlangen. Mit Geldsachen nimmt er es nicht immer ganz genau. Aber er versteht die Kunst, das Geld aufzuheben, das auf der Straße liegt.

Im Alltagsleben und in der Masse fühlen sich die grünen Menschen wohl. Sie gehen gern an die Öffentlichkeit und lieben ein kleines Schwätzchen. Über andere urteilen sie nach dem ersten Eindruck und wissen oft selbst nicht, warum sie einen Menschen nicht riechen können. Ein wenig neigen sie zur Schadenfreude über Skandale, die andere betreffen; aber in ihrem eigenen Leben darf nichts passieren, worüber "die Leute" klatschen würden. Die größte Beleidigung ist es für sie, für unzuverlässig, dumm oder feig gehalten zu werden. Sie wollen nicht als Egoisten gelten; für ihre Familie opfern sie sich geradezu auf. Gern vermischen sie Wahrheit und Dichtung, aber sie wünschen als gute Bürger anerkannt zu werden. Am meisten hassen sie es, aus dem Rahmen zu fallen oder die Konvention zu übertreten. Ihre Launen suchen sie zwar zu kontrollieren, aber sie können sich nicht recht beherrschen. Dabei lieben sie das Gleichmaß und das Gleichgewicht über alles.

Grün ist die Farbe der Natur. Daher schätzen die Grünen die naturhaft beglükkenden Erlebnisse, besonders die Erholung im Freien, die ihnen das Gefühl des körperlichen Wohlbehagens vermittelt. Sie sind aufgeschlossen für alle Tagesneuigkeiten und hören gern Radio. Das Fernsehen wurde hauptsächlich für sie erfunden. Sie lieben die gemütvolle Musik, die den Appetit fördert, die gesellige Unterhaltung anregt und ihre sentimentalen Herzen rührt. Ihre liebste Beschäftigung ist das Einkaufen. Alles, was sie sehen, möchten sie gern haben, besonders wenn es die neueste Mode ist. Sie tun alles, was "man" eben tut: Bridge (oder das jeweilige Modespiel) spielen, Patience-Legen, Bestseller-Lesen. Weil sie mit der eigenen Meinung zurückhalten, sich gern anpassen und tolerante Ansichten vertreten, sind sie als gute Gesellschafter geschätzt und als liebe Nebenmenschen willkommen.

2. Der gelbe Mensch

Der gelbe Mensch ist durchaus der Umwelt zugewendet und erschließt sich ihr leicht. Er ist lebhaft und geistig lebendig, öffnet sich jedem Eindruck und interessiert sich für alles, besonders für das Neue. Er ist nicht tief, aber geistig aktiv. Sein Bewußtsein ist klar, seine Intelligenz wach. Er hat das Bedürfnis, seinen Horizont auszudehnen und intellektuell mit der ganzen weiten Umwelt Kontakt aufzunehmen. Sein Interesse ist nur selten gefühlsmäßig, sondern eher kühl und sachgebunden. So ist er imstande, Dinge schnell zu erfassen, Menschen leicht zu erkennen. Seine Triebe sind nicht allzu stark, weil er nüchtern, kritisch und innerlich wenig beteiligt ist. Er betätigt sich vorwiegend in der Verstandesarbeit, im logischen Denken. Er hat Freude am Messen und Rechnen, am Definieren und Diskutieren. Durch richtiges Benennen der Dinge, durch geschicktes Handhaben der Sachen, durch Denken und Überlegen macht er sich zum Herrn der Umwelt. Wissensdurst, geistige Regsamkeit, Einfallsreichtum, Anschaulichkeit der Darstellung, sind seine Tugenden. Sein Leben ist erfüllt vom unendlichen Suchen in der Weite und Vielfalt neuer Möglichkeiten. Der höchstwertige gelbe Typ ist etwa der Naturforscher, der sich freut, eine neue chemische Synthese vollbracht zu haben. Der Verstand ist ihm Träger des Schicksals. Ein Verstandeserfolg bedeutet für ihn Glück, ein Irrtum Unglück.

Der gelbe Mensch gleicht seiner Farbe in manchen Dingen auffallend. Die milde Erregung, die von einem gedämpften Gelb ausgeht, ist ähnlich der Anregung, die ein scharfer Verstandesmensch in schwieriger Lage zu geben weiß. Wie das Gelb auf schwarzem Grunde auch in kleiner Menge scharf hervortritt, so vermag er Klarheit in dunkle Verhältnisse zu bringen, und es gibt keinen Gegenstand, den er nicht mit dem Licht seiner Vernunft aufhellen könnte. Das Streben aus sich selbst hinaus in die Welt ist seine Grundstimmung. Durch seine aufmerksame, hellwache Gespanntheit wird er aber zur gelösten Hingabe und zur inneren Teilnahme unfähig. Sein Ich gibt der Verstandesmensch nicht daran. Er bleibt nüchtern, kühl und distanziert. In seine Interessen läßt er die anderen nicht hineinsehen, und er selbst nimmt wenig teil an der Innenwelt der anderen. Trotzdem ist er der Anerkennung seiner Fähigkeiten, besonders seiner intellektuellen, nicht abhold. Bisweilen ist er so klug, daß er darüber die Fähigkeit zum Urteil verliert. Weil er stets sucht, ohne zu wissen, was ihn befriedigen könnte, wird er aus der Unerfülltheit seines Suchens heraus meist kritisch und sogar zynisch. Da er auch das begehrt, was er nicht hat und niemals bekommen kann, wird er leicht neidisch. Diese Eigenschaft hat der Volksmund festgehalten, indem er Gelb als Farbe des Neides deutet.

Nach seinem Temperament ist der gelbe Mensch meistens Sanguiniker. Er ist rege, empfindsam, heiter und er begeistert sich schnell für alles Neue, um sich dann ebenso schnell einem neuen Objekt zuzuwenden. Innerlich locker, ist er sehr bewußt und aufmerksam. Er hat seine Augen überall, läßt sich aber leicht ablenken und hat überhaupt eine Abneigung gegen Systematik. Dafür redet er gern und

möchte alles arrangieren. Er ist der geborene Manager.

Die uneinheitlichen gelben Typen sind sehr widerspruchsvoll: sangesfroh, jugendbewegt, vielgeschäftig, flatterhaft, unernst und je nachdem auch ernst, fleißig, zerfahren, mißtrauisch und mitteilsam. Manche tändeln spielerisch durch das Leben. Der gelbe "Luftikus" ist leichtsinnig und leichtfertig. Die unangenehmen Gelben sind unruhig, nervös, oberflächlich und unzuverlässig. Sie fallen auf wie das Gelb eines Briefpostkastens. Sie führen laute Reden, sind aufdringlich und werden gern frech. Genau so wirkt das blick-fangende Gelb mancher Plakate: vorspringend, aufregend, stechend. Und der Spott zynischer Kritiker kann erscheinen wie die ätzende Säure eines scharfen Zitronengelb. Diese Leute mögen sich selbst nicht, und oft sind sie verstimmt bloß wegen eines Gedankens, der ihnen quer ging.

Im Berufsleben werden die gelben Menschen durch ihr geistiges Interesse meist zu Tätigkeiten, welche Intelligenz verlangen, geführt. Sie wenden sich der Außenwelt mit ehrgeiziger Leistungsbereitschaft zu, aber da es ihnen meistens an Stoßkraft oder Ausdauer mangelt, gelangen sie nur selten zur Befriedigung ihres Ehrgeizes. Es fehlt ihnen das Herzliche, das dauernde Bindungen schafft. Die Leistung allein bringt ja nur sachliche Beziehungen. Ihr Beruf läßt daher immer etwas in ihnen unerfüllt. Sie werden Lehrer aller Art, Psychologen, Journalisten oder auch Schriftsteller, die Wissen und Bildung vermitteln. Im Geschäftsleben sind sie Agenten, Vertreter, Vermittler, Makler, ja sogar Bankiers (des unternehmenden Typs). Immer dienen die gelben Menschen dem Umsatz, der Vermittlung, dem Verkehr. Überall, wo fortschrittliche Arbeit geleistet wird, findet man sie als geistige Urheber. Allerdings sind die charakterlosen gelben Typen verschlagen und listig. Aus ihnen rekrutieren sich die Taschendiebe, Wechselfälscher und die betrügerischen Buchhalter.

3. Der orange Mensch

Unter denen, die Orange bevorzugen, wird man niemals einen kalten Phlegmatiker oder einen Melancholiker finden. Aber von den Sanguinikern, die ihr Erleben steigern und ihr Dasein freudig genießen wollen, wird das Orange geliebt; denn sie besitzen eine glühende Innerlichkeit und bergen eine intensive Fülle von Gefühlen. Von anderen Menschen halten sie keinen kritisch-kühlen Abstand: wen sie nicht lieben können, den lehnen sie ab. Die Menschen ihres Umgangs reißen sie in einen erregenden Erlebniswirbel.

Was das Gelb niemals gewähren kann, nämlich lustvolle Gefühlsbetontheit, das schenkt das Orange. An trüben Tagen erscheint die Landschaft, durch ein orange Glas betrachtet, sonnenbeschienen und viel wärmer als zuvor. Ebenso erwecken die orange Menschen mit ihrer inneren Wärme stets Herzlichkeit und Mitgefühl. Sie lassen alle Sinne froh sich ausleben und geben sich gern an alles Schöne hin. Das Gelb und das Rot haben sich im Orange zu einer neuen Einheit verbunden. Nicht weniger zeigen die Liebhaber des Orange ein unbedingtes Verlangen nach

Harmonie und Ausgleich. Geistig sind sie regsam, lebhaft und strebend. Seelisch gesund und sehr selbstsicher, sind sie von der Kraft ihres Gefühles überzeugt. Charakteristisch ist für sie die völlige Hingabe an eine Sache oder eine Person. In ihrem beruflichen Auftreten verraten sie großen Leistungs- und Geltungswillen. Im privaten Leben versucht der orange Mann, gespannt und kraftvoll, durch warme Hingabe zu beglücken. Bei der orange Frau ist das tiefste Erlebnis das Sich-Beglücken-Lassen. Wenn beim Mann das Orange aktivierend wirkt, so macht es die Frau weich und hingebend. Es erhöht die Kräfte der animalischen Leiblichkeit, zumal die erotischen.

Warum sieht man in Strandbädern und auf Promenaden so wenig Orange? Für Männer kommt es sowieso nicht in Frage, da es ja eine ausgesprochene weibliche Farbe ist. Den Damen ist es zu auffällig, zu robust, zu eitel, wenn es nicht mit anderen Farben kombiniert wird. Tatsächlich haben die orange Menschen auch manche Fehler. Sie drängen ohne Hemmungen nach dem Überschwang des Genusses, streben aber nicht auch gleichzeitig nach Erlebnistiefe. Obwohl ihre Erlebnisfreude manchmal recht ausgelassen ist, können sie ihre Erlebniswünsche nicht immer befriedigen. Dies macht sich besonders bei verblühenden Damen in guter Position geltend. Sie übersteigern den Genuß und werden korpulent aus Bequemlichkeit und weil sie das gute Leben allzusehr genießen. Sie sind gefallsüchtig und sehr von sich eingenommen. Sie lieben Schmeicheleien, besonders wenn sie etwas dick aufgetragen sind. Die niederen orange Typen urteilen mehr nach Gefühl als nach Überlegung; sie sind launisch und unbeständig. Die Gutmütigkeit anderer nützen sie gern aus, belohnen sie aber immerhin durch schöne Worte. Sie vernachlässigen ihre Aufmachung, schmarotzen gern und machen sich schließlich unsympathisch durch Unflätigkeit oder albernes, kindisches Getue.

Als Gattinnen entfalten die orange Frauen ihr Dasein zu freundlicher Wirksamkeit und beglückender Fülle. Sie haben die Fähigkeit, jedes Heim behaglich zu machen und verbreiten schon durch ihr bloßes Dasein eine harmonische, zufriedene Atmosphäre um sich. Real eingestellt, wissen sie den Wert des Geldes zu schätzen. Aber sie stapeln es nicht auf, sondern geben es geschickt für Genüsse aus. Auf Körper- und Schönheitspflege verwenden sie viel Zeit. Sie lieben das gute Essen in schöner Aufmachung und tun sich gern mit Feinschmeckern zusammen. Wer sich an sie anschließen darf, wird beglückt von der warmen Molligkeit ihres Körpers und der anheimelnden Wohligkeit ihrer Umgebung.

Die orange Menschen haben gewöhnlich einen ausgeprägten Farbensinn, eine herzliche Freude am Schönen und einen guten Geschmack. Sie verstehen sich auf harmonische Zusammenstellungen und schulen ihr Formgefühl zum Talent. Die Berufe der orange Männer dienen meistens der Verschönerung des Daseins. Nach Geld sind sie ebenso gierig wie nach Liebe. Sie beschäftigen sich mindestens mit Liebhabereien künstlerischer Art, meist aber ausgesprochen mit Kunst, Kunstgewerbe oder Kunsthandwerk. Oder sie treiben Körperkultur als Schönheitspfleger, Friseure, Konfektionäre, Modeschöpfer usw. Lebenskünstler sind sie auf jeden Fall! Für die richtige "Stimmung" beim Lebensgenuß sorgen Tänzer, Sänger, Musiker

und Komponisten. Die orange Musik ist die Unterhaltungsmusik und Tanzmusik, bei der man so schön von Liebe schwärmen kann. Der modernste orange Beruf ist der des Farbenpsychologen oder Farb-Ingenieurs; dieser streichelt jedes Gemüt so lange mit Farben, bis es in die gewünschte Stimmung kommen muß. Meist haben die orange Menschen im Berufe Glück, sie kommen nach oben, leben im Wohlstand, genießen das Vergnügen und werden mit Recht von allen beneidet. Von "Playboys" berichtet jede bunte Illustrierte.

Wer sich voll zum Orange bekennen kann, ist tatsächlich beneidenswert. Man wird ihn gern als "reizenden Kerl" bezeichnen. Nicht ganz so leidenschaftlich wie der rote Typ, schätzt er (und sie) die Süßigkeiten, fröhliche Freunde und die Bekanntschaft von Persönlichkeiten der Kunst oder des Theaters. Die orange Typen besitzen eine heftige Liebe zum Leben und seinen Freuden. Ihr Dasein ist naiv und spielerisch, widmet sich meist der Geselligkeit und geht dahin in Plauder- und Schäferstündchen. Sie haben ein großes Verlangen nach Liebe und ziehen es vor, viele Menschen in vergnügter Stimmung zu genießen, als mit einem einzigen Vertrauten ernste Freundschaft zu pflegen. Manchmal geben sie Anlaß zur Eifersucht, aber sie sind trotzdem gute Ehepartner. Reizend ist ihre Art, Sünden zu beichten und - neue zu begehen. Sie verbreiten viel seelische Wärme um sich und sind sehr zärtlich in ihren Liebesverhältnissen. Das Erregende, Muntere, Lustige der orange Farbe kommt in ihnen gleichermaßen zum Ausdruck wie das Kokette, Freche, Leichtlebige. Ihre anziehende Persönlichkeit sichert ihnen die Zuneigung liebender Menschen und ihre sinnliche Hingabe. Sie sind gern gesehene Schmeichler und scharmante Poseure. Für jede Frau, ob schön oder häßlich, haben sie zu jeder Tageszeit ein nettes Kompliment bereit, wenn es ihnen Vorteil bringt. Ihre liebenswürdigen Redensarten begleiten sie mit strahlendem Lächeln.

Die niederen orange Typen sind lüsterne Verführer. Sie jagen von Vergnügen zu Vergnügen und verjubeln ihr Geld; noch lieber aber verschwenden sie, was ihnen nicht gehört. Sie sind der pornographischen Literatur und "Kunst" verfallen und haben ein krankhaftes Interesse für nackte Körper. Ihr sexueller Drang ist unersättlich.

4. Der braune Mensch

Allen Menschen, die Braun bevorzugen, ist etwas Zurückhaltendes, Gemäßigtes zu eigen. Auch das Braun ist ja eine gedämpfte Farbe. Es entsteht aus den satten Farben Gelb, Orange oder Rot durch Trübung oder Verdunkelung. Wenn die Kraft dieser helleren Töne durch Grau oder Schwarz gebrochen wird, so ergibt sich aus ihnen eine große Skala brauner Töne, die bald stumpf, bald weich sind, aber immer sich vorsichtig und anschmiegend zurückhalten. Gegenüber dem Gelb ist das Braun gehaltvoller und derber, gegenüber dem Orange schlichter, gegenüber dem Rot leiser und behutsamer. Das Leitbild des Braun ist die feste Erdscholle, es ruht in sicherer Erdhaftigkeit. Das Braun des Herbstlaubes versinkt in sich selbst; an sich unansehnlich und schwermütig, gewinnt es Glanz nur durch die Herbstsonne.

Braun ist kein schmutziges Gemisch, sondern eine selbständige Farbe: sicher, fest und beruhigt. Und so wirkt auch der braune Mensch als Halt und Band einer Gemeinschaft, etwa als Mutter und Hausfrau. An sich ist die braune Farbe nicht besonders fein; aber sie ist keineswegs roh und niemals gemein. Ohne idealen Schimmer zeigt es solide Festigkeit, ohne prächtigen Glanz innere Nützlichkeit. Obwohl erdverbunden, hebt es sich unter anderen Farben kräftig heraus: bodenständig, hausbacken und tüchtig.

Die braunen Farbtöne, die als Lieblingsfarben auftreten, sind meistens warm und anheimelnd. Weil Khaki, braune Oliv-Töne oder sonstige braune Uniformfarben nüchternen Zwecken dienen, haben sie zu wenig Persönliches. Die Menschen, die ein sympathisches Braun lieben, sind zwar vielleicht sensibel und weich, aber sie wollen stabil und sicher erscheinen, dicht wie ihre Farbe, wirklichkeitsnah und gedämpft. Ihre Haupteigenschaft ist eine zähe Festigkeit, und bewußt zwingen sie sich, nie von diesem Ideal abzuweichen. Ihre Ziele sind eng umgrenzt und fest bestimmt. Ihr Denken ist nicht himmelstürmend, sondern zweckhaft gebunden. Ihrer seelischen Widerstandskraft verdanken sie einen hohen Grad innerer Selbstbehauptung und die Fähigkeit, sich zu halten und im Wechsel des Lebens zu beharren. Trotzdem brodelt in ihnen irgendwo eine unterirdische Glut. Es wäre unklug, ihre gebändigte Kraft zu verachten. Nach außen erscheinen sie zufrieden und beruhigt, die schwächeren Typen allerdings als unbeteiligt und langweilig.

Das Braun in der Frauenkleidung macht den Eindruck des Einfachen und Schlichten. In harmonischen Nuancen kann es distinguiert, ja sogar vornehm wirken. Es schmiegt sich dem Körper an, ohne die Leiblichkeit zu betonen. Aufs beste kleidet es die Hausmütterchen, die, ohne an sich selbst zu denken, geduldig und aufopfernd für die anderen sorgen. Anspruchslos und bescheiden ruhen sie in sich selbst. In ihrer Triebhaftigkeit beherrscht, verbreiten sie um sich warme Behaglichkeit und Gemütlichkeit. Ihr Gemüt ist weich und innerlich. Sie halten zwar nicht bewußt auf Abstand von den Menschen, aber sie bemühen sich wenig um die anderen. Auch die Dinge lassen sie an sich herankommen. Wem sie sich aber erschlossen haben, dem schenken sie dauernde warmherzige Hingabe. Ohne Stolz und nach außen ganz unsentimental, stehen sie mit beiden Füßen auf dem Boden der Wirklichkeit. Wer bei ihnen Abenteuer sucht, wird enttäuscht und nennt sie prosaisch und nüchtern. In Wirklichkeit sind sie gesund, anständig und behäbig, ein wenig eigensinnig, aber nur selten beschränkt.

Die Männer, die Braun vorziehen, besitzen meist eine starke Vitalität und eine große seelische Widerstandskraft. Aber sie sind durch irgendwelche Einflüsse innerlich gehemmt, vielleicht durch strenge Elternzucht oder harte Schicksalsprüfungen. Weil sie davor zurückschrecken, noch weitere schlechte Erfahrungen zu machen, verbergen sie ihre Hemmungen durch eine äußerlich straffe Haltung. Als höchste Tugend schätzen sie die zähe Selbstbehauptung. Trotzdem haben sie viel Gemüt, sie sind herzlich und gesellig und lieben das traute Heim, weil es ihnen Ruhe und Harmonie schenkt. Ebenso schätzen sie ein kräftiges, herzhaftes Essen, solide Möbel und zuverlässige Freunde. An Geschmack fehlt es ihnen nicht gerade, aber

bisweilen an Eleganz. Die Typen kleineren Formats beschränken sich bewußt auf kleine und nahe Ziele; sie können pedantisch und engstirnig werden. Abgeklärtheit wird bei ihnen zur Philisterei. Die besseren Typen scheuen sich zwar nicht vor Verantwortung, aber sie bringen es meist nicht über untergeordnete Stellungen hinaus. Beständiger und rücksichtsvoller als der rote Typ, sind sie nur selten eigensinnig: doch darf man sie nicht reizen, weil sie dann renitent werden.

Die entwickelten Typen sind innerlich warm und wertvoll. Sie freuen sich an kampfloser Ruhe und fühlen sich in ihrer Umwelt geborgen. Ihrer selbstsicheren Reife entspringt denn auch eine vertrauensvolle Gelassenheit. Sensationelle Nachrichten machen nur wenig Eindruck auf sie. Sie haben nüchterne Ansichten und vermeiden alles Alberne und Auffällige. Beim Sportbetrieb halten sie sich lieber unter den Zuschauern als auf dem Spielfeld auf. Wer ihnen Geld leiht, kann sicher sein, daß er es schnellstens wiederbekommt. Und so sind sie mit nur wenigen Ausnahmen sympathische, in sich selbst ruhende Persönlichkeiten, auf die man sich felsenfest verlassen kann.

5. Der rote Mensch

Vorliebe für Rot weist in die Richtung der Trieb-Sphäre. Die roten Menschen wenden sich der Außenwelt zu, um sie zu beeinflussen. Sie haben die Neigung, unmittelbar auf Eindrücke zu reagieren und ihre Triebe heftig zu entladen. Ihre Affekte sind sehr erregbar. Sie leben zwischen Extremen und kennen keinen Mittelweg zwischen Haß und Liebe. Ihr Hauptcharakterzug ist Eroberungsfreude und kämpferisches Überwinden-Wollen. Das Hauptmerkmal der aktiven Roten ist vorwärtsdrängender Selbstdurchsetzungswille. Als Instinkt- und Triebmenschen haben sie ein cholerisches Temperament. Sie überschätzen ihr Können und wollen oft mit dem Kopf durch die Wand. Reizbar, wie sie sind, lassen sie sich leicht zum Zorn hinreißen. Durch ihr polterndes Wesen verbauen sich die roten Choleriker oft den Zugang zu den Herzen der Menschen. Nur selten finden sie einen harmlos-verbindlichen Ton. Dennoch erzielen sie Erfolge, weil sie sich mit Energie und Zielbewußtheit durchzusetzen wissen.

Das geistige Wesen der roten Farbe ist Bewegung an sich. Diese glüht und braust nicht nur im eigenen Körper, sondern strahlt, als vorwiegend männliche Farbe, zentrifugal ihre Kraft nach außen aus. Der rote Mensch ist der unruhigste aller Typen, er hat die höchste potentielle Energie. Wie seine Farbe verkörpert er die Rastlosigkeit an sich, die immer in Bewegung ist und stets, wenn auch scheinbar zwecklos, in regsamer Aktivität etwas tun und treiben muß. Eine starke Note von zielbewußter, immenser Kraft lebt im roten Menschen. Freudige Entschlossenheit und energisches Streben führen ihn durch hartnäckiges Wollen zum Erfolg. Die Beharrlichkeit seiner inneren Spannung ist wie ein gleichmäßiges Brennen und Glühen. Manchmal scheint es, als ob die rote Flamme in ihm sich in sich selbst zurückgezogen habe; aber sie liegt nur auf der Lauer, bereit, sofort wieder in wildem Sprung emporzulodern.

Der rote Mann strebt intensiv nach unmittelbarer Auseinandersetzung mit der Umwelt, die er durchdringen und überwinden will. Dieses Beherrschungsstreben äußert sich dadurch, daß er überall Menschen oder Erfolge für sich gewinnen will, also etwa im fleißigen Berufsstreben, bei der geschäftlichen Durchsetzung, beim sportlichen Wettkampf, beim Lenken von Fahrzeugen (oder Flugzeugen), bei der Leitung von Untergegebenen, beim Werben um den erotischen Partner oder beim Streit um die politische Führung. Diesem aktiven Durchsetzungswunsch ist es gleichgültig, ob das Überwinden in haßerfülltem Zwang oder in liebevollem Überreden geschieht.

Rote Persönlichkeiten sind dynamisch und Menschen der Tat. Impulsivität verbindet sich bei ihnen meistens mit Willensstärke. Man wird sie stets beschäftigt finden. Keine Arbeit ist ihnen zu hart oder zu schwer. Sie neigen zu Berufen, wo ihre natürliche Energie sich auswirken kann, und sie sind glücklich, wenn sie ihre motorische Kraft entfalten können. Im Berufsleben führen sie ihre Pläne mit größter Initiative aus. Sie sind die vitale Energiequelle für jeden Betrieb. Ihre Aktivität macht sie zu geborenen Unternehmern. Sie sind unermüdlich, wenn es um ihre Ziele geht, und stacheln die Untergebenen zum höchsten Einsatz ihrer Arbeitskraft an. Bei lauten Geräuschen fühlen sie sich wohl, mag es nun das Knallen des Fahrzeugmotors sein, der harte Klang der Maschinen, das Knirschen der Stahlbearbeitung oder das Knattern der Maschinengewehre und das Platzen der Granaten. Je gewaltiger oder wuchtiger eine technische Konstuktion ist, desto lieber beschäftigen sie sich mit ihr. Keine Schnelligkeit ist ihnen zu groß. Die Gefahr, sich den Schädel einzurennen, achten sie gering. Die Stufenleiter ihrer Berufe reicht vom Mechaniker über den Ingenieur zum Industrie-Magnaten. In der Heilkunde sind sie Chirurgen oder Zahnärzte. Natürlich zieht der Sport sie besonders an. Fast alle Größen des Amateur- und Berufssports sind rote Menschen. In früheren Zeiten war Rot die Standeskleidung der Adligen und Offiziere. Natürlich gehören die Personen, die noch heute bei Parforceritt und Hetzjagden rote Röcke tragen, alle zu den roten Typen.

Der rote Mensch ist triebstark und von Natur zur Liebesbetätigung geschaffen; denn sowohl der Kopf als auch die Geschlechtsorgane gehören der roten Zone des Körpers an. In Sommerfreude, Sportjubel und Tanzlust findet er die Partnerin, die er anzieht, indem er seine sinnlichen Energien auf sie ausstrahlt. Er fühlt sich wohl bei schwüler roter Beleuchtung und schätzt die rote stimulierende oder berauschende Musik. Er tanzt auch gern auf Militärmärsche. Nach Liebe giert er wie nach Geld; ohne sie kann er nicht leben. Er ist heißblütig, wollüstig und daher erotisch sehr aktiv. Als geborener Verführer und Herzensbrecher strebt er nach Abwechslung und ist daher eher wankelmütig als treu. Übermäßig triebhafte rote Menschen verfallen in sexuelle Exzesse, die sich bis zum Sadismus steigern. Reichlicher Alkoholgenuß ist ihnen eine Selbstverständlichkeit.

Eine vollständige Charakterisierung der roten Typen ist unmöglich, da sich im Rot sehr viele ganz verschiedene Eigenschaften treffen und die Nuancen, wie Kirschrot, Weinrot, Rubinrot, entsprechend verschiedene Charaktere haben. Kar-

minliebhaber zeichnen sich oft aus durch Mutterwitz, aber sie sind auch eifersüchtig, egoistisch und trotz einer gewissen Zähigkeit in ihrer Gesundheit wenig stabil, was aber ihrer Triebhaftigkeit keine Schranken setzt. Die dunkleren Nuancen werden von Melancholikern ebenso wie von Sanguinikern geliebt, wenn diese den Wunsch nach Energie oder Festigkeit haben. Die Schizothymen lieben die Rottöne erst, wenn diese kälter werden.

Als martialische Naturen sehen die roten Männer in Kraft, Kampf, Krieg ihre eigentliche Aufgabe. Ihr natürliches Streben ist es, die Umwelt zu besiegen oder zu beherrschen. Kann die rote Kraft sich in sozialer Ordnung auswirken, so baut sie auf und schafft alle Arten von Organisationen. Da es aber immer Menschen gibt, die den Drang zu Angriff, Sturm und Waffengebrauch verspüren, kann man durch ihre Verwendung als Soldaten ihren für das friedliche Gemeinschaftsleben so gefährlichen Zerstörungsdrang nutzbar machen. Läßt man solche Leute sich nicht abreagieren, so werden sie früher oder später zu Verbrechern, Räubern, blut-roten Mördern oder gar zu Empörern gegen die bestehende Staatsform.

Die roten Führer schaffen um sich Abstand und fordern Gehorsam. Die Atmosphäre, die sie umgibt, ist voll entschlossener Härte und straffer Disziplin. Sie verlangen viel von ihren Leuten, stellen aber auch an sich selbst hohe Anforderungen. In der Gefahr verachten sie den Tod. Sie können sich zum Entschluß aufraffen, der guten Sache zuliebe sogar ihr Leben zu opfern.

Die übersteigerte Form des Offiziers ist der Tyrann. Seine rohe Kraft ist brutal, Unsanft stört sie die anderen aus ihrer Ruhe auf, um sie zu beherrschen und zu unterdrücken. Der böse rote Gewalthaber wird dünkelhaft und streitsüchtig. Er vergewaltigt die Friedfertigen, sein Ende ist Cäsarenwahnsinn. Er geht unter in Frevel und Blut.

6. Die rosa Dame

Das Rosa gehört zu den "heiklen" Farben. Von den einen wird es stark bevorzugt, von den anderen strikt abgelehnt. Auch gilt das Rosa als "kitschig". Doch nach Frieling gibt es kitschige Farben als solche nicht: kitschig wird eine Farbe erst, wenn sie innerlich weder zum Menschen noch zum Gegenstand paßt, wenn also beispielsweise die duftige, dezente Zartheit des Rosa auf ein Wesen übertragen wird, das diesem Ideal nicht entspricht.

Das Rosa, das durch Mischung von Rot mit Weiß entsteht, enthält weniger Seelenkraft als das Rot. Es ist schüchtern, weich und besitzt wenig Vitalität - dafür ist es feiner und unaufdringlicher. Das Rosa gilt als weiblich, weil die männliche Kraft des Rot in ihm durch den Weißgehalt geschwächt ist. Als aufgehellter Purpur ist Rosa zwar keine Urfarbe, aber als das Rosenrosa der Heckenrose sicher ein Archetyp. Es ist weder so geistig und affektarm wie das Weiß, noch so kräftig und lebensfreudig wie das Rot. Als aufgehellte Nuance wandelt das Rosa die Härte des Rot ins Anmutige, Liebliche. Das ideale Rosa ist traumhaft und schmeichelt den Augen! Es ist appetitlich wie Himbeercreme - die Himbeere selbst wäre zu körperhaft.

Ein heiteres Rosa gilt als Sinnbild der Lebensfreude. Für den Werktag eignet sich das Rosa wenig, es ist keine Farbe für Arbeitskleidung. Sozusagen ist es festtäglich, es umgibt seine Trägerinnen mit einem weichen, süßen Hauch, den man an Nachtgewändern so bewundert. Die jungen Mädchen lieben das Rosa wegen seiner Reinheit, die jungen Frauen wegen seiner Zartheit. Als Lieblingsfarbe von Männern kommt es nicht in Frage, weil es diesen zu schwach, zu inhaltslos, erscheint. Das Rosa ist so wunderbar und so märchenhaft, daß der Mann es nur an einem Wesen sehen kann, das er liebt - aber nicht an sich selbst, er müsste sich ja sonst für schwach halten. Bei sorglosen jungen Mädchen zeigt das unbeschwerte Rosa ihre duftige Schönheit, die bald in der glühenden Freude ihrer Roten-Rosen-Zeit aufblühen wird. Die liebreizende junge Dame kleidet sich gern in Rosa, weil es den Glanz der unberührten Jugend auf ihre Wangen zaubert und Wünsche erregt.

Das Rosa ist eine vorwiegend weibliche Farbe. Deshalb ist die Rosa Dame weich und liebesbedürftig. Das Derbe lehnt sie ab, niemals ist sie laut, alles an ihr ist gedämpft, sie reguliert ihre Empfindungen und Äußerungen. Körperlich ist sie zartgliederig, sie liebt keine Anstrengungen, mit Kraftprotzerei kann man ihr nicht imponieren. Sie hat eine Vorliebe für Weichliches, Rundliches u. Niedliches und widerspricht nicht, wenn man sie für sentimental oder gar für lyrisch hält. Tatkraft fehlt ihr, aber durch weibliche Schwäche kann sie Erfolg haben: "Vor Rehen wird gewarnt!" Gern schließt sie sich an andere an. Dann braucht sie keine eigenen Ziele zu haben - besser gesagt, sie kann ihre Ziele durch andere durchsetzen lassen.

Die rosa Dame ist nicht burschikos, sondern stilvoll und ästhetisch. Sie ist nicht stolz, aber vornehm und gepflegt, schätzt eine aparte Ausdrucksweise und meidet das Übliche. Ihr gewählter Geschmack macht sie zum Inbegriff des Verfeinerten, Kultivierten. Was sie liebt, ist erlesen und daher im wahren Sinne des Wortes "elegant". Die Gefahr, in die sie nicht verfallen sollte, ist das Süßliche oder Kitschige. Leider tragen auch Dämchen und Zierpüppchen das Rosa.

Die rosa Damen verbürgen dem Mann nicht immer derbe Genüsse. Sie sind oft mehr Geist als Körper. Auch in ihrem Charakter sind die rosa Damen manchmal etwas schwierig, weil sie sehr empfindsam leben. Anmutig im Äußeren, sind sie innerlich zu weich und oft mit Minderwertigkeitskomplexen behaftet. Und die Bescheidenen, die sich nicht hervordrängen wollen, werden leicht unzufrieden, wenn man sie nicht entsprechend feiert.

Ist die Trägerin nicht mehr ganz jung, wird sie das sicher durch ausgesprochenen Charme ausgleichen. Wenn voll erblühte Damen noch Rosa tragen, so sind es meist Erfolgstypen. Ihr Rosa lockt und erweckt Verlangen. Sie ist gewiß eine hundertprozentige Frau, charmant, leichtlebig, beschwingt, süß und einfach zauberhaft. Schon als Kind war sie hübsch und der Abgott von Eltern und Verwandten, die sie verwöhnten und alles Unerfreuliche von ihr abwehrten. Nun, auf der Höhe ihres Daseins, zieht sie viele Männer an. Wenn sie verliebt ist, hat sie es oft schwer, ihre anderen Freunde fernzuhalten. Sie hat einen guten Geschmack, was die Klei-

der und die Freunde betrifft. Modische Kleider und kultivierte Menschen liebt sie mehr als die geschmacklosen und ungebildeten. Das Rosa trägt sie, um zu wirken, andersfarbige Kleider nur, wenn sie viel Geld gekostet haben. Zwar tut sie Gutes an Armen, aber sie läßt sich mit niemand ein, der außerhalb ihrer gesellschaftlichen Sphäre lebt. Denn sie selbst geht dem angenehmen Leben nach, und nur im Wohlstand lebt sich's angenehm. Darüber, daß sie gut schauspielen kann und immer schöne Worte findet, erschrickt sie kein bißchen. Denn sie hört es ja auch so gern, wenn man ihr ins Ohr flüstert, wie schön sie ist und wie zärtlich ihr rosa Boudoir!

7. Der blaue Mensch

Die Menschen, die Blau lieben, entscheiden sich entweder für das kalte, eigentliche Blau oder für das vollere und dunklere Ultramarin. Die kaltblauen Typen, mit denen wir uns hier zunächst beschäftigen wollen, unterscheiden sich von den Liebhabern des Indigo zwar durch einen gewissen Mangel an Wärme und Herzlichkeit, aber, da ihr Prinzip die Leistung und die Ausdauer ist, sind sie meist wertvolle Menschen. Die blauen Melancholiker schließen sich von der Umwelt ab und widmen sich ihrem Inneren. Sie haben die Neigung, sich in sich selbst zurückzuziehen. Dabei verfallen sie aber leicht der Gefahr, sich allzusehr vom lebensspendenden Kontakt mit der Umwelt abzusperren. Sie bleiben für sich und in sich, sie stehen selbstgesetzlich auf eigenen Füßen und sind also selbständig und individualistisch. Sie wollen sich nicht verlieren, sondern ihre Eigenart bewahren und behaupten; sie sind egozentrische Ich-Menschen.

Das kalte Blau wird niemals einem Sanguiniker gefallen. Doch kommt es vor, daß heftige Choleriker sich das hemmende Blau sozusagen als Beruhigungsmittel verschreiben. Die kalten blauen Typen halten sich in Kleidung, Wort und Tat zurück. Sie lassen sich von keiner Erregung mitreißen, weil sie schwerblütig, ernst und nachdenklich sind. Ungern beteiligen sie sich an oberflächlicher Konversation. Manchmal leiden sie unter der Unfähigkeit, sich unbeschwert dem Augenblicke hinzugeben. Sie sind meist mit sich selbst beschäftigt und grübeln und sinnen, denken nach. Mit der Materie eng verbunden, sind sie sachlich ausgerichtet, können aber materielle Dinge geistig sublimieren. Sie sind geduldig und können sich gut konzentrieren; teilweise steigen sie zur Fähigkeit der Meditation auf. An ernster Arbeit haben sie Freude und ihre Arbeitsfähigkeit ist anhaltend. Sie besitzen einen hohen Grad von Selbstbeherrschung, sind Herrn ihres Körpers und bleiben in Gefahr kaltblütig. Sie lieben die Ordnung und führen ein geregeltes Leben. Ohne Rücksicht auf die eigene Person sind sie pflichttreu.

Wer ihnen zum erstenmal begegnet, wird sie kaum für freundlich halten. Aber wer sie genau kennt, wird ihren anständigen Charakter achten und lieben. Ihre Freundschaften sind selten, aber eng und treu. Sie gehören zu den beständigen Freunden und zu den wenigen Menschen, denen man unbesorgt ein Geheimnis anvertrauen kann; sie halten "dicht". Ihr Urteil ist gut entwickelt und selbständig.

Ihre Meinungen sind fest begründet und schwer zu erschüttern. In allen Krisen stehen sie fest wie ein Fels und lassen von ihren inneren Nöten nichts merken. Sie steuern ihre Triebe und regulieren ihr Seelenleben mit Pedanterie. Wenn sie sündigen, quälen sie sich zwar mit Gewissensbissen herum. Aber sie rechtfertigen sich, wenn auch zögernd, vor sich selbst. Wenn sie selbstgerecht sind, werden sie dieselbe Sünde noch öfter begehen.

Das kühle Blau ist schön an jungen Mädchen und paßt zu ihnen, wenn sie an den Freuden der Welt noch nicht teilhaben wollen. An anderen jungen Damen, die glühend genießen und doch eisig rechnen, ist das Himmelblau nicht mehr als ein kokettes Spiel. Der negativ blaue Mensch hat nämlich einen großen Fehler: die innere Kälte. Er ist aber darum kein "Fisch", denn es fehlt ihm dazu die Geschmeidigkeit. Die Kälte der blauen Typen verrät sich schon in der Temperatur ihres Zimmers oder ihrer Hände. Ihre Worte ernüchtern; ihr gleichgültiger Blick stimmt jeden wärmeren Menschen herab und läßt ihm das Mark in den Knochen erfrieren. Als trockene Spießer tragen sie eine Leichenbitter-Miene zur Schau. Im Büro sind die kaltblauen Menschen übergenaue "Griffelspitzer" und steife Pedanten. In ihrem Urteil sind sie hämisch, im Denken unnachgiebig und dogmatisch. Die Gemütskälte ihrer Ansichten erinnert an die spitzig blauen Töne, die man in grimmigen Lagen hören kann, das Klirren zerbrechenden Glases, das Knattern bearbeiteten Metalls, das Knallen offener Eisflächen, das Knirschen von Zähnen in Wut.

Die negativ blauen Menschen saugen zwar wie die Vampire Lebenskraft aus ihrer Umgebung, aber sie wünschen keine innere Beziehung zu ihr. Statt Liebe kennen sie nur abweisende Kritik oder kalten Haß. Auf Tadel ihres Egoismus und Zynismus reagieren sie mit niedriger Bosheit. Natürlich müssen sie ihre Menschenfeindschaft teuer bezahlen durch lähmende Melancholie und brütende Furchtsamkeit. Da sie von allen verlassen sind und sich auf niemand verlassen können, müssen sie ihre Anfälle von Trübsinn und Verzweiflung allein mit sich abmachen. Sie leben wie in einem Käfig, scheuen aber jede befreiende Tat, weil sie alles Neue hassen. Deshalb sind sie innerlich stets unbefriedigt.

Die negativen blauen Typen glauben nur an das Reale, den Vorteil, das Geld. Sie sind gefesselt von Ehrgeiz und Machtgier. Zur Befriedigung ihrer Habgier lassen sie die anderen hart für sich arbeiten. Um die anderen ihren egoistischen Zielen gefügig zu machen, führen sie scheinheilige Worte im Mund und sie wenden auch schlechte Methoden an, um sich zu bereichern. Da sie von ihren Ellenbogen guten Gebrauch machen können, kommen sie hoch. Am Erworbenen halten sie fest: ungern geben sie von ihrer Habe etwas her. Aus Eifer, zu sammeln und zu raffen, umgeben sie sich mit vielen Dingen, deren Besitz eigentlich gar keinen Wert für sie hat. Als Bösewichte sind endlich die blauen Menschen erbarmungslose Ausbeuter oder niederträchtige Folterknechte.

Die normalen blauen Typen sind im Berufsleben meist sehr tüchtig. Sie sind praktisch und genau, geduldig, konzentriert und ausdauernd. Innerlich festgefügt,

folgen sie dem Herkommen und hängen an ihrer Religion. In steter Folgerichtigkeit erringen sie fast ohne Ausnahme eine sichere Lebensstellung. Nach außen sind sie sehr ruhig und oft schwer ansprechbar.

In einfacher Beschäftigung bewältigen sie gern die schweren Arbeiten, die hartes Zupacken verlangen und viel Schmutz mit sich bringen. Im allgemeinen bevorzugen sie Berufe, wo sie geistige Aufgaben zu erfüllen haben. Dabei scheuen sie die Kleinarbeit nicht, die etwa ein Buchhalter oder ein Bibliothekar zu leisten hat. Sie haben die Fähigkeit, alle realen Dinge auf die geistige Ebene umzustellen und zu erfassen. Ihr Denken ist nachhaltig, klar und bewußt, und so können sie sich meist auch zum Verständnis schwerer Probleme durchringen. Sie haben einen grüblerischen Zug, der die Tiefe sucht. Sie rufen die geistigen Kräfte in sich auf, besonders die des analysierenden Intellekts. Formliebend und reflektiv, sind sie als Techniker die konstruktiven Naturen, in der Industrie die großen Rechner: sie vermögen die Formel zu finden, die alles vereinfacht und mechanisiert. In den freien Berufen werden sie Bauunternehmer, Architekten, Finanziers, Großhändler mit Vorratswirtschaft, Sammler, als Künstler Bildhauer, formal-akademische Musiker oder Schriftsteller, weil viel Nachdenken und Formkraft zur Schaffung neuer Werke gehört. In der Wissenschaft eignen sie sich zu mühseliger Einzelforschung, z. B. als Geologe, oder zu scharfem abstraktem Denken als Philosoph; als Lehrer gehören sie zum strengen, exakten Typ. Das Berufsschicksal dieser maßvollen Blauen ist gut und erfolgreich, und meist haben sie auch einen schönen, ruhigen Lebensabend.

8. Der indigo Mensch

Was man gewöhnlich Blau nennt, ist eigentlich Indigo. Es unterscheidet sich vom kalten Blau dadurch, daß es einen gewissen Gehalt an Rot besitzt. Deshalb bezieht sich die zunehmende Beliebtheit des "Blau" nicht auf das Eisblau, sondern auf Ultramarin und Indigo. Denn tatsächlich wirken diese Farbtöne freundlich, harmonisch und sympathisch. Die schönste Verkörperung des Indigo ist das sanfte Madonnenblau, das auf alten Marienbildern so trostreich dämmert.

Die jüngeren Menschen, die Indigotypen höherer Ausprägung sind, bevorzugen die hellblauen Nuancen, die etwas Frühlingsmäßiges und Beschwingtes an sich haben. Sie sind bereit, in der gemütsbetonten Hingabe an die Gemeinschaft ihre Erfüllung zu suchen, und sie finden ihre Geborgenheit in der Zärtlichkeit des Du, im Genuß des Schönen oder in gläubiger Hingabe. Deshalb ist dieser Typ am ehesten dazu fähig, glückliche Daseinsfreude zu gewinnen. Wenn die unbeschwerte Jugend sich am Hellblau freut, so tut sie das, ohne die Grenzen zu überschreiten. "Jugend ist Trunkenheit ohne Wein", sagt Goethe. Er meint damit eine heitere Beseligung, die in Wandern, Sport und Tanz ihr gehobenes Körpergefühl auslebt und glücklich ist, weil sie so leicht und so frei lebt.

Der gereifte Indigo-Mensch ist vorwiegend sozial und religiös eingestellt. Seine Lebensauffassung ist optimistisch; er betrachtet alles von der guten Seite und glaubt an den guten Kern im Menschen. Er ist gütig und human und setzt großes Vertrauen auf die Menschheit. Die Tiere liebt er und schützt sie vor Mißhandlung. Für seine Freunde setzt er sich selbstlos ein. Er besitzt große Pflichttreue; seine Arbeit ist oft sein einziges Interesse. In jeder Stellung ist er äußerst gewissenhaft. Er liebt die Ehrlichkeit und die Gerechtigkeit. Nie tut er etwas, was er nicht vor seinem Gewissen verantworten könnte. Seine sittlichen Grundsätze sind gesund und edel; er kennt keine doppelte Moral. Die Gesetze der Gemeinschaft gelten für ihn unumstößlich, die Tradition ist ihm heilig.

Nächstenliebe und Menschenliebe sind für ihn keine leeren Worte. Einen sündigen Menschen wird er nicht lieblos verdammen; vielmehr wird er ihn zu verstehen trachten und ihm zu verzeihen suchen. Er ist großmütig, duldsam und verträglich, in seiner gelassenen, abgeklärten Sicherheit ist er ein Vorbild für andere. Er hat einen guten Einfluß auf seine Umgebung: sein Rat wird gern gehört. Seine Frömmigkeit ist echt, sein Geist andächtig. Von materiellem Streben und irdischen Genüssen schließt er sich zwar nicht aus, aber sie sind nicht sein Lebensinhalt.

Unentbehrlich für den Indigo-Typ ist eine persönliche Verbundenheit mit Menschen und Ideen. Dies zeigt sich in verstehender Freundschaft, in zärtlicher Hingabe an geliebte Personen, im gefühlvollen Erleben der beseelten Natur, im Genuß edler Musik, im Verständnis der reinen Dichtkunst, in theoretischer Beschaulichkeit, in praktischer Religiosität oder in der gemütvollen Verehrung des Höheren. In diesem Eingehen in eine umfassende Einheit findet er seinen festen Halt; er glaubt an das Göttliche und ist innerlich daran gebunden. Vertrauen ist sein heiliges Ziel und Treue dessen Erfüllung. Da er seine Bindung freiwillig wählt, fühlt er sich darin frei. Im Handeln hebt ihn über den Alltagsmenschen noch etwas anderes empor: er liebt das Gute, Edle und Schöne, obwohl es vielleicht unerreichbar ist. In wahrem Idealismus widmet er sich allen erhaltenden und aufbauenden Kräften und bringt, wenn es gilt, ohne Besinnung Opfer für Menschenrecht und Völkerfrieden.

Bei den niederen Typen ist die Frömmigkeit entweder konventionell und unecht oder vorurteilsvoll und dogmatisch. Überheblich in ihrem Dünkel, verletzen sie ihre Mitmenschen durch selbstgerechten Tadel. Als religiöse Fanatiker brennen sie vor unduldsamem Eifer und verdammen die böse Welt unbarmherzig. Bisweilen treten sie als okkultistische Sektierer auf. Die weltlichen Indigo-Sünder sind eitle Blender, hochnäsige Prahler und meist auch skrupellose Hochstapler. Sie betrügen unter der Maske der Menschenfreundlichkeit. Wenn sie Macht besitzen, so mißbrauchen sie diese zu ihren egoistischen Zwecken - aber unter Begründungen, die sie sehr ideal aufzumachen wissen. All diese niederen Typen sind moralisch hemmungslos. Das Recht ist für sie eine Farce. Ihr Vergnügungsleben ist unmäßig, verschwenderisch und schlemmerhaft.

Im Berufsleben neigen die echten Indigo-Typen zu Tätigkeiten, in denen sie ihre sozialen und lebensfördernden Kräfte entfalten können. Sie kommen meist aus

gutem Haus und steigen zunächst durch Protektion empor, aber sie bewähren sich in ihrer soliden Aufbau- und Organisationskraft. Durch joviales Wesen, Gewissenhaftigkeit und Pflichttreue erringen sie Anerkennung und allgemeine Achtung. So sichern sie sich bald ein hohes Einkommen, das ihnen den Lebensstandard der Oberschicht ermöglicht. Der Edelstein, den sie lieben, ist der Lapislazuli.

In ihren Unternehmungen beweisen sie schöpferische Geisteskraft und eine erstaunliche Fähigkeit, aus kleinen Anfängen große Unternehmungen zu schaffen. Denn ihr Denken ist konstruktiv. Sie haben die Fähigkeit, den Massen ihre eigene Denkungsart aufzuprägen und sie geistig zu leiten. Durch ihre Hilfsbereitschaft erwerben sie Vertrauen. Deshalb findet man sie häufig als Seelsorger, Psychotherapeuten, Geburtshelfer, Förderer von Krankenhäusern, Leiter von Organisationen der Nächstenliebe, ja sogar als die humanen Vorsteher von Strafanstalten. Als Rechtsanwälte sind sie überzeugende Verteidiger, als Lehrer mitreißende Seelenführer. Ihre überlegene Ruhe und ihr Einfühlungsvermögen macht sie zu geborenen Diplomaten. Wie vonselbst besetzen sie die führenden Stellen der Kirche und der Justiz. Aus ihrer Mitte steigen die leitenden Staatsmänner empor. Als Kenner der Geschichte und der Philosophie sind sie auch im Geistesleben führend. Die schönste Aufgabe stellen sie sich als Vorkämpfer sozialer Ideale, der Humanität und des Weltbürgertums.

9. Der violette Mensch

Das Violett verbindet in sich die wärmste Farbe, das Rot, mit der kältesten, dem Blau. So hat es in sich das Leuchten und die Wärme des Feuers, aber auch die Ruhe und Kälte der Erde. Die violetten Typen können diesen Gegensatz nicht immer ausgleichen und sind daher unruhig und meist etwas zwiespältig. Innerlich warm und anlehnungsbedürftig, scheinen sie äußerlich zurückhaltend, ja stumpf. Sie wenden sich mehr nach innen als nach außen und verstecken sich gern hinter einer Maske. Ihre Geheimnisse verbergen sie sorgfältig. Auch haben sie eine verborgene Sehnsucht, die sie nicht leicht verraten. Ihre Phantasie ist rege, feinfühlig und oft künstlerisch beschwingt. Wegen ihrer Sensibilität stehen sie der Härte des Lebens mit mimosenhafter Empfindlichkeit gegenüber. Für neue Strömungen sind sie hellhörig, und für Menschen oder Ideale können sie aufrichtig schwärmen. Meist verharren sie in reservierter Selbstbehauptung. Dies geschieht nicht nur aus Vorsicht oder aus kultivierter Selbstbescheidung gegenüber dem Objekt. Vielmehr spielen da mit die Angst vor der Umwelt, Zögern vor allem Neuen, Hemmung gegenüber allem, was nach Erotik aussieht und Schamhaftigkeit vor der Hingabe.

Beruflich ähneln die violetten Männer den Indigo-Typen; ausgesprochen violett ist wahrscheinlich nur der Dichter oder der Komponist. Sie sind tiefgründig im Erleben, aber im Ausdruck nicht immer sachlich und nur selten klar. Bei den Frauen geht die Stufenleiter von der Generalswitwe über die Pastorenfrau bis zur Bardame

(des sensiblen Typs). Gemeinsam ist ihnen das Überschwengliche, Sentimentale und Schillernde, das zwischen elegischer Unverstandenheit und hysterischer Melancholie hin- und herpendelt, und daher große Mengen der Betäubungsmittel vom Kaffee bis zum Kokain verbraucht. Über ihnen allen liegt ein dunkler Schleier, hinter dem sich schwere Schicksale verbergen. Es ist nicht leicht, ihn wegzuziehen, und oft ist befremdlich, was sich da enthüllt. Obwohl einsam und trostbedürftig, lieben diese schwerblütigen Menschen ihre Unerlöstheit.

Da das Violett wegen seiner Dunkelheit dem Schwarz ziemlich nahe steht, leiden die älteren Violetten gewöhnlich unter düsterer Resignation und entsagungsvoller Abwendung vom Irdischen. Ein Zug des Ernstes und der Vertiefung umweht sie. Obwohl sie gütig und gerecht sind, haben sie oft etwas Lähmendes und meist etwas Feierliches an sich. Ihrer menschlichen Schwäche sind sie, wenigstens im geheimen, demütig bewußt. In ihrer Weltfremdheit vermögen sie auf irdische Güter leicht zu verzichten. In unerfülltem Sehnen ergeben sie sich Meditationen, um dem Göttlichen näherzukommen. Aus ihrem Unbewußten steigen die Bilder des Unnennbaren, Mystischen auf, deren Weihe sie alles Weltliche vergessen läßt, und sie dazu bringt, sich an höhere Kräfte hinzugeben. Sie lieben ihren Glauben, kämpfen um ihn und streben in schwärmerischer Unruhe über ihn hinaus zu mystischen Fernen. Willentlich können sie niemals ihre Gebundenheit und ihre Bindung an das Höhere verleugnen.

Wer das Violett ohne Einschränkung liebt, der ist würdevoll geworden und hat, durch bittere Lebenserfahrung belehrt, alle Illusionen abgelegt. Bläulich-Violett ist die Farbe des würdigen Alters, der Reife, der Erfahrung, der Selbst-Opferung. Wegen seiner tiefen mystischen Erkenntnis und seiner echten Überzeugung wird der hochstehende Violett - Mensch zum geistigen Führer, zu dem man gläubig und begeistert aufschaut. Hohe lila Typen von inbrünstiger Liebesfähigkeit und idealer, verstehender Güte findet man wohl nur bei Eremiten und entrückten Mystikern. Für sie ist das Violett das Morphium unter den Farben: es lähmt sie physisch und tötet das Fleisch ab. Dadurch wird der Eros sublimiert, und an seine Stelle tritt die Agape, d. h. die körperliche Liebe wird durch die geistige ersetzt, die mitleidet und sich erbarmt.

Die violetten Alltagstypen sind nicht leicht zu behandeln und oft ihren Mitmenschen (vielleicht auch sich selbst?) ein Rätsel. Man muß sich in sie hineindenken, um sie zu verstehen. Sie sind nicht gewalttätig wie der rote Typ und nicht nüchtern wie der blaue; denn sie schließen sich an sympathische Naturen leicht an und lassen sich gern begeistern. Exotisch verzaubernde Musik lieben sie sehr; da machen sie mit und freuen sich der schmelzenden Tanzweisen. Die "Stimmung" ist ihnen wichtig, und wenn man sie in Stimmung bringt, kann man alles von ihnen haben. Leider versprechen sie oft zu viel. Selten leisten sie wirklich etwas, meistens wünschen sie nur den schönen Schein und träumen von dem, was da noch werden könnte. Haben sie aber eine drängende Intensität, so sind sie fähig zu produktivem Gestalten, da sich dieses in einer intuitiven Grundstimmung vollzieht.

Bei den künstlerisch veranlagten Violett-Typen ist also ihre innere Unruhe ein Entwicklungsmoment und ein Antrieb zur Produktion. Bei haltlosen Menschen ist es natürlich anders; das Violett ist bei ihnen ein Zeichen der Störbarkeit und oft auch der Angst. Tatsächlich bevorzugen die meisten Schizophrenen das Violett !

Die niederen Violett - Typen sind schwankend in ihren Gefühlen, unzuverlässig in ihren Freundschaften und überhaupt wirr, flach und albern. Ihnen sagt die unsolide Pracht der Vergnügungsstätten zu, der täuschende Glanz der Tingel - Tangel. Sie lieben den blauen Dunst, den träumerischen Tango, und sie schwärmen für alles, was ihnen den Rausch der Illusion schenkt und sie verzaubert. In ihren negativen Stimmungen werden sie sehr schwermütig und sprechen gern von ihren fixen Ideen, z. B. Verfolgung oder Krankheit, aber nur in Andeutungen. Im Auskosten ihrer traurigen Stimmungen empfinden sie einen sentimentalen Genuß. Für die körperliche Liebe sind sie meist ungeeignet, weil das Violett vom Körperlichen abzieht und zum Illusionären hinleitet. Ihre Kontaktschwierigkeiten verführen sie auch zu sexuellen Entartungen. Ihrer Minderwertigkeit bewußt, leiden sie häufig an seelischem Katzenjammer, den sie mit allen möglichen Stimulantien und Rauschgiften zu bekämpfen suchen. Im Umgang sind sie vollkommene Heuchler, die zwar von ihren Idealen schön sprechen, aber nie etwas in die Wirklichkeit umsetzen. Sie täuschen und verleumden, um ihre Einbildungen zu befriedigen. Jedem schmeichelnden Laster hingegeben, verführen sie und lassen sich verführen. Es fehlt ihnen etwas, wenn sie sich nicht quälen oder quälen lassen. Sie wären zu jedem Verbrechen fähig, das sich ohne Gewalt durchführen läßt. Von ihren Einbildungen geplagt, versinken sie schließlich in den chaotischen Zustand seelischer Verlorenheit, den sie durch hysterisches Gebaren vor sich und anderen verbergen zu können glauben.

10. Der blaugrüne Mensch

Die Menschen, welche das Blaugrün lieben, erscheinen nach außen etwas phlegmatisch und wenig ansprechbar, sozusagen "fern". Von den anderen Menschen trennt sie die Ruhe des Grün und die Kälte des Blau. Sie leiden unter dem Konflikt zwischen Hingabe und Selbstbehauptung. Dieser spaltet ihr Ich, verleitet sie zu schwierigen Grübeleien über sich selbst und macht sie unfähig zu spontaner, aufgeschlossener Teilnahme. Aber innerlich tragen sie in sich die Plötzlichkeit des elektrischen Funkens, der sich in ihrer Farbe entlädt, und zum Teil auch die Stärke des Blitzes. Ihre Stufenleiter reicht vom Giftgrün des Drachens bis zur Sanftmut des Aquamarins. Immer haben sie ihre eigene Meinung. Sie nehmen von der Umwelt nicht gern etwas an. Ihrer selbst sicher, vermögen sie aus sich heraus zu leben. Die blaugrünen Männer haben meist etwas Originelles an sich, das sie zu Einzelgängern macht. Blaugrüne Frauen sind meistens "Blaustrümpfe". Als Schwarmgei-

ster leben sie in ihren eigenen Idealen. Bei Außenseitern kann dies zu schizoiden Einstellungen führen, d. h. zu innerer Spaltung und Zerrissenheit. Widerspenstig gegen autoritativen Zwang, durchbrechen sie Brauch und Sitte, um ihre eigenen Wege zu gehen. Sie spüren intuitiv das innere Gesetz, das ihr Schicksal leitet, und sie lieben ihr Schicksal, auch wenn es unrastig und bizarr ist. Russische Schriftsteller wie Dostojewski haben solche Typen dichterisch umrissen.

Ihre Berufe verlangen von Ihnen Selbständigkeit und Aufgeschlossenheit für das Neue. Sie sind Elektro- und Radio-Techniker, Verkehrs-Fachleute, Heilkundige, Okkultisten, Magier, Erfinder usw. Vielleicht gehören zu diesem Typ die Photographen, denen nur der Umriß wichtig ist, sicher aber die revolutionären Künstler. Solche wird es immer geben. Ihre frühere Lebensform war die Bohême, ein ungezwungenes Künstlertum in einem unkonventionellen Milieu; heute spricht man von Gammlern und Gammlertum. Unter den Philosophen verkörpern die Existentialisten die neue Art. Andere blaugrüne Typen streben als Spieler oder Berufsspekulanten nach mühelosem Gewinn. Schlagen sie etwa einer Frau zuliebe einen normalen Beruf ein, so haben sie auch dort neue Ideen und reformieren das Hergebrachte. Allerdings begeben sie sich auch in die Politik. Dort sind sie oppositionell bis zum Anarchismus. Sie kämpfen immer für die Freiheit oder das bessere Neue.

Ihre Angelegenheiten pflegen sie ohne fremden Rat und Hilfe zu erledigen. Gefühlsmäßig sind sie kühl und nicht leicht zu behandeln. Aber sie können sehr großmütig und großzügig sein, ohne an eine Belohnung zu denken. Wenn sie wollen, sind sie ganz reizend zu ihren Mitmenschen, wenn sie nicht wollen, ebenso kratzbürstig. Sie sperren sich gegen die Hingabe ihres Gefühls, weil sie ihr Inneres nicht entblößen wollen. Wenn sie lieben, lieben sie überschwänglich, aber ohne Mitleid. Immer wahren sie ihr Selbst und verstecken es oft hinter Ironie. Die kritische Einstellung, mit der sie alles außer sich selbst betrachten, geht bis zum Zynismus und zur Weltverachtung. Gern begehen sie Seitensprünge und andere Unmöglichkeiten. Diese kommen anderen Leuten schlimm vor, ihnen selbst aber harmlos. Leider sind ihre sexuellen Neigungen oft verdorben oder gar pervers, und leicht verfallen sie der Homosexualität. In ihrer Kleidung richten sie sich kaum nach der Mode, doch sind sie nicht ohne Geschmack und erreichen häufig einen extravaganten Schick.

Die positiv Blaugrünen befinden sich in einer Art elektrischer Hochspannung. Sie wirken unter allen Umständen interessant, strömen von Ideen über und sind sehr begeisterungsfähig. Ihr Körper ist fast frei von Schwere. Ihre Seele ist hochgemut und strahlt sich erregend aus. Sie schwimmen in der Sphäre der Freiheit, wie die untergehende Sonne in der Herrlichkeit des blaugrünen Himmels: kühn, wandelbar, schwungvoll, erleuchtet, schöpferisch und begeisternd.

Das Grünlich-Blau ist heute sehr modern. Deshalb liebt man wieder den Türkis, der um die Jahrhundertwende als altmodisch galt. Eine durch Grünblau symbolisierte Musik, aufgeregt und nervenpeitschend, hat heute die meiste Aussicht auf Publikumserfolg. Man liebt heute viel Rhythmus, wenig Melodie, harte Kontraste,

schroffe Übergänge, und die Mischung von Gefühlsseligkeit und Zynismus. Von den modernen Komponisten ist Igor Strawinsky ein blaugrüner Typ.

Das Grünblau ist die kälteste Farbe. Es schwingt sich in ruhigen Wogen dahin, ohne Grenzen, ohne Ufer. Den Beschauer trägt es weg in Fernen, die geheimnisvoll und lockend erscheinen. Darum ist der Edelstein Aquamarin so beliebt: er symbolisiert die ideale Ferne, wo jeder er selbst sein kann und wo alle Wunschträume erfüllt werden.

Die grünblauen Menschen leben in einer eigenen Welt. Vor ihnen erscheinen Bilder, die sie aus dem Lebendigen wegführen in abseitige Weiten und Tiefen. Fernsüchtig, wie sie sind, suchen sie das Grenzen- und Bindungslose. Männer, die das Grünblau lieben, zeigen zuweilen feminine Züge. Sie sind meist künstlerisch begabt, haben aber nicht immer eine Formkraft, die ihre Erlebnisse bildhaft wiedergeben könnte. Da sie sich dauernd wandeln, haben sie zur Fixierung ihrer flüchtigen Einfälle die abstrakte Kunst erfunden.

Im Grünblau kann der Mensch wohl Idealist, Künstler, Reformer oder Revolutionär sein, aber nicht naiver Gefühlsmensch oder nüchterner Denker; denn sein Wesen ist uranisch und excentrisch. Die Sehnsucht ist für ihn ein dauernder Bewußtseinszustand. Er hegt und liebt seine Sehnsüchte wie andere Leute ihre Kinder und wünscht sich immer nur das, was er nicht haben kann. Fanatisch tritt er für das Kommende ein. Im Innern eiskalt, nimmt er Schicksalsschläge gelassen hin. Plötzlich beginnt er Neues, um, tatenträge, wie er ist, es ebenso unvermittelt wieder abzubrechen. So ist er auch in seinen persönlichen Beziehungen: bezaubernd, willkürlich, sprunghaft, leicht entflammt und mitleidslos.

Die Seelenhaltung der Teenager von heute entspricht ziemlich genau dem blaugrünen Typ. Sie leben in einer neuen uranischen Welt, die man überspannter Weise das Atomzeitalter nennt. Sie suchen das Seltsame, Wunderliche; und nur Bizarres, Kurioses, befriedigt ihre verstiegenen Wünsche. Sie verfügen über selbstverdientes Geld, gehen in die Schallplattenbar statt in den Nachtklub, und sie kaufen ihre Kleider im Selbstbedienungsladen, um sich nicht von devoten Verkäuferinnen teure Toiletten andrehen zu lassen. Die Kleider, die sie tragen, müssen erotisch-atraktiv, von sexuellem Reiz ("sexy"), originell, zweckmäßig und als "allerletzter Schrei" so auffällig wie möglich sein.

"Pop - Art", d. h. populäre Kunst, nennt man nach USA - Vorbild die moderne Kunstrichtung, die einen neuen Realismus propagiert und Dinge des alltäglichen Lebens in der Art der dadaistischen Kunst zusammensetzt. Obwohl sie eine geometrische Spielart hat, kann man sie wegen ihrer Exzentrik wohl durch Blaugrün symbolisieren. Pop-Art liefert heute auch in Mode und Kunstgewerbe Entwürfe für die jetzige Generation der Teenager. Und so kommen wir mit diesem modernsten und harmlosesten aller blaugrünen Typen zum letzten unserer Eigenschafts - Register: ein Mädchen der neuen Pop-Generation ist weltoffen, unabhängig, freiheitsliebend, rebellisch und selbstbewußt.

11. Der gelbgrüne Mensch

Überall in der Natur tritt uns eine Fülle von grünen Reizen entgegen. Sie gehen vom dunklen Schattengrün bis zum lichten Goldgrün und Sonnengrün. Jedes Pflanzenblatt hat in der Sonne eine andere Farbe als im Dämmer des Gelaubs. Im Frühling entzückt uns das freudige Hellgrün des Buchenlaubs, aber im Sommer macht es einem stumpferen, dunkleren Grün Platz, weil der Farbton des grünen Chlorophylls absinkt und sein Schwarzgehalt steigt.

Das Gelbgrün ist ein Bild des Lebendigen, das sich im Stofflichen darstellt. Grün gehört zum Bereich des Lebens: es ist die erste Farbe am Licht, wenn dieses das Blattgrün in der keimenden Pflanze bildet. Das Chlorophyll ist der Farbstoff, der das Wunder vollzieht, aus Anorganischem organische Stoffe neuaufzubauen. Ihm dient dabei die Erde als Grundstoff und die Sonne als Kraftquell.

Das frische Frühlingsgrün können wir Goldgrün nennen, frei nach Goethe, der im "Faust" in der Schülerszene sagt: "Grün ist des Lebens goldner Baum!" Man spricht vom Grünen und Blühen und wünscht sich wie in der "Glocke" von Schiller: "O daß sie ewig grünen bliebe, die schöne Zeit der jungen Liebe!"

Wenn man Gold durch Hämmern zu feinen Blättchen schlägt, erscheint es in der Durchsicht grün. In der Natur sehen wir ein lichtes Goldgrün an Birken, Buchen, Lindenblüten, dem Vogel Zeisig und dem jungen, frischgemähten Rasen, der eben deswegen so beliebt ist. Ein zartes Goldgrün zeigt sich am farbigen Abendhimmel über dem Gelbrot zwischen Gelb und Himmelblau. Die herrliche Farbe dieses zarten schmalen Streifens ist keine Illusion. Wird der blaue Himmel gelb beleuchtet, so wird er grün.

Ein erfrischendes, junges Grün erinnert an Sprießen und Wachstum, an Frühling und Jugend. Gegenüber dem dunkleren Grün des Sommers enthält das gelbliche Frühlingsgrün viel heitere Lebensfrische. Dadurch wird es zum Symbol schöner Jugendlichkeit und organischer Kraftfülle. Aus diesem duftigen, sprossenden Grün entwickeln sich die buntesten Früchte, die farbenprächtigsten Blumen.

Wenn im Frühjahr Wald und Wiese sich zu färben beginnen, wenn es überall von neuem Leben und Weben strotzt, durchzieht die Brust der Menschen ein großes Hoffen auf die Zukunft. So wurde ein sanftes Grün zum Sinnbild der Hoffnung, die wünscht, daß alle Blüten reiche Früchte tragen. Wenn etwas ergrünt, wächst die Hoffnung auf Erneuerung, auf weitere Zeugung und frische Geburt.

In Sage und Geschichte ist die uralte Vorstellung des hoffnungsfroh sich verwirklichenden Lebens an das Frühlingsgrün gebunden. Dieses gilt seit dem Anbeginn unserer mühseligen und doch so geliebten Welt für jung, frisch, unberührt, für das Ewig-Neue. Zwar mögen unter den Menschen die "grünen Buben" manches Mißvergnügen erregen, aber jeder Wackere hat in seiner Lenz-Zeit doch auch einmal zu ihnen gehört. Dem siegreichen Kämpfer wird seit alters als Ehrenzeichen ein Lor-

beerzweig verliehen, dem glücklichen Weidmann ein grüner Bruch an den Hut gesteckt. Im alten Olympia war der Kranz vom wilden Ölbaum - und nur dieser - der begehrte Siegespreis. Im Grünen feiern die Menschen selige Stunden, denn die Liebe liebt das Grüne, die Hoffnung, über alles. Die Braut flicht sich den Myrtenkranz immer ins Haar, mag es nun Frühling sein oder Winter. Ein grüner Talisman sichert ihr als junger Frau die erwünschte Fruchtbarkeit.

Etwas Merkwürdiges erfährt man aus der Farbensymbolik des Mittelalters. Grün wurde von jungen Menschen gern als die Farbe eines Anfangs, "der neuen Liebe", getragen, nämlich von denen, die in der Wahl ihres Herzens noch frei, von Liebe noch unbezwungen, doch den Liebesfrühling herbeiwünschten oder die in der Liebe schon den fröhlichen Beginn der Freuden gewonnen hatten. So ist das Goldgrün auch Huld, Frohsinn und Freude. Die huldreiche Seite ist die grüne Seite, an die im Volkslied das Mädchen rücken soll. Grün ist, wie die Hoffnung, so auch das Leben und das Glück. Wer auf keinen grünen Zweig kommt, der ist stets unglücklich, wenn andere sich emporarbeiten; und wenn man einem nicht grün ist, so ist man ihm nicht gut.

Doch nun zur Gegenwart! Während früher das Gelbgrün nur als Anhängsel des Grün gewertet wurde, haben die Forschungen von Frieling, Görsdorf, Heimendahl, ergeben, daß es eine eigenständige Farbe ist, die im Charakter weitgehend vom satten Tiefgrün abweicht. Nach E. Heimendahl hat sich im Grün der Lichtgrund aufgelichtet und aufgeschlossen. Diese Grund-Helle wird im Gelbgrün erweitert und aktiviert. Das Licht ist hier aus anfänglicher Ferne in die Nähe gerückt und wird im Gelbgrün zur Hell-Licht-Energie ausgeweitet.

Nach der neuen Anschauung sind die Hauptwesenszüge des Gelbgrün Anregung, Anfang, Knospung, Impuls und Wandlung. Im Farbtest wählen unruhige Geister fast immer Gelb bis Gelbgrün. Als sekundäre oder gemischte Farbe hat das Gelbgrün eine Doppelnatur, es ist zwiespältig, kann dubios werden und steigt in seiner negativen giftgrünen Nuance in bösartige Tiefen hinab.

Was im Grün anregt, ist seine Offenheit zum Licht. Diese ist im Gelbgrün aktiviert und bringt die Erwärmung in ein helleres, leichteres Dasein. Wenn die Farbe vom reinen Grün zum Gelbgrün ansteigt, wird dieses lebendig, jugendlich und freudig, weil das Grün durch die Beimischung von Gelb aktiv geworden ist.

Die schönen Wesenheiten des Gelbgrün drückt die Sprache durch positive Namen aus: Brillantgrün, Erbsgrün, Grasgrün, Laubgrün, Lichtgrün, Lindgrün, Maigrün, Pistaziengrün und Saftgrün. Goldgrün sind Edelsteine, die das Gold, griechisch chrysos, in ihrem Namen tragen, nämlich Chrysoberyll und Chrysolith. Der letztere wird auch Olivin oder Peridot genannt.

Der sonnenhafte goldgrüne Mensch ist großzügig und hochgemut, er erfreut sich einer harmonischen Lebensfülle und gewinnt durch warme Offenheit. Sein Daseinsgefühl ist heitere Aufgeschlossenheit. Mit klarem Sinn betrachtet er die Welt, die er frisch durchmißt und genießt. Angeregt ist seine Erlebnisbereitschaft, gelassen seine Vordergründigkeit. Er wirkt als Grandseigneur, alle Türen öffnen sich vor

ihm. Seiner Umgebung bringt er eine freundliche Anteilnahme entgegen. Für seinen Optimismus gibt es keine Probleme. In klarer Linie geht er seinen Weg, doch liebt er die Abwechslung, in der Liebe ebenso wie in seinen Liebhabereien. Sein Begehren ist naturhaft, der Besitz macht ihm Freude, aber im Schenken kann er großartig sein. Er hat Freude am Greifbaren, auch an der Natur, am Leben überhaupt, er ist kein Kostverächter. Dem Geld mißt er gebührenden Wert bei, in Geldgeschäften beweist er Fähigkeiten. Gegenüber Material und Technik ist er aufgeschlossen, weil er auch dafür Interesse hat.

Die venushafte goldgrüne Frau ist kontaktfreudig, heiter und gelöst, hingebungsvoll. Ihre Grundstimmung ist zart, innig und weich, niemals verstiegen. Immer weltoffen, gefühlvoll und voll sanfter Hoffnungsfreude. Sie ist wie eine aufblühende Knospe, die man sorgsam behandeln und schonen muß. Ihr Gefühl ist echt und impulsiv, ihr Denken naiv und erfrischend. Sie liebt kein schwüles Parfüm, denn ihr Goldgrün entspricht den frischen Düften, die lockern und ein Gefühl von Freude und Fröhlichkeit verbreiten. In der Blüte ihrer Unverbrauchtheit strahlt sie den Schmelz der Frische aus. Sie gibt nicht nur Anregungen, sie ist auch selbst impulsiv und wandlungsfähig. Alles Schöne und Ästhetische reizt sie, aber allzu laute Genüsse lehnt sie natürlich ab. Sie gibt sich freudevoll hin, wenn sie genießen will, nur setzt sie voraus, daß man ihren Eigenwillen respektiert. Sie ist behaglich und betulich, anschmiegsam und angenehm, ein Glück für jeden Mann, der ihr dient.

Im Denken und Handeln ist der gelbgrüne Mensch beweglich. Seinen Eindrükken gibt er sich frei hin, aber nie hört er auf, die Umwelt zu beobachten. Seine Aufmerksamkeit ist groß, er sieht und merkt alles. In der Gesellschaft gibt er sich frei und leicht, das gezwungene Wesen liebt er nicht. Er ist nicht altmodisch und daher dem Neuen immer zugetan, auch nicht, wenn andere es noch mit Vorsicht beurteilen. Ein neuer Anfang reizt ihn, er ist bereit, sich zu wandeln und umzustellen. Er besitzt geistige Interessen und strebt nach Erweiterung seines Wissens. Wegen seines guten Gedächtnisses und seiner schnellen Auffassungsgabe kommt er rasch vorwärts. Das Rechnerische und Technische liegt ihm mehr als die Theorie, außerdem weiß er genau, was möglich ist und was nicht erreicht werden kann.

Er liebt die Klarheit und geht nicht gern geheimnisvollen Zusammenhängen nach. Als Wissenschaftler lehnt er mystisch-spekulative Methoden trotz einer gewissen Toleranz ab. Das Irrationale erscheint ihm einigermaßen unheimlich, so daß er dieses Gebiet, das er selbst nicht betritt, mit einer Art Scheu behandelt.

Da das Gelbgrün als sekundäre Farbe eine Mischfarbe ist, sind die Menschen, die Gelbgrün lieben, leider oft zwiespältig. Da sie manchmal von der Gegenwart enttäuscht werden, suchen sie oft nach einem unwirklichen Ziel in der Zukunft. Nur selten finden sie einen Partner, der ihren Liebesvorstellungen völlig entspricht.

Im allgemeinen hat der gelbgrüne Mensch reine Ideale. Er würde gern die Welt verbessern, wenn er nur die nötige Kraft dazu besäße. Trotzdem nimmt er sich immer wieder zuviel vor. Dies bringt die Gefahr der Nervosität mit sich. Er

sollte daher nie vergessen, sich auszuspannen und das Schöne aufzusuchen, zumal da er es wirklich schätzt.

Der gelbgrüne Mensch liebt zwar die Ruhe, doch läßt ihm das Leben meist nicht viel Zeit zum Ausspannen. Gewöhnlich ist er heiteren Gemüts. Doch manchmal gibt es Umstände, die ihn in schlechte Laune versetzen und vielleicht sogar dahin bringen, daß er sie an seiner Umgebung ausläßt. Es ist nicht gut für ihn, Groll anzusammeln. Wenn er daher einmal poltert, bringt es ihm Entspannung - manchmal ist das Gelbgrün eine "laute" Farbe. Selbst wenn er einmal brüllt, bleibt er doch im Innern ein weicher Mensch, ein Riese mit einem empfindsamen Kinderherzen.

Gelbgrün hat Ähnlichkeit mit der Farbe der grünen Galle. Daher schlug der heute leider vergessene Farbenforscher Trillich anstelle von Ostwalds "Laubgrün" vielmehr das kurze Wort "Gall" vor, das sich leider nicht einbürgerte. Die giftiggrüne Galle, griechisch chole, ist eigentlich das Kennzeichen des Cholerikers, der sich grün und blau ärgert.

Damit kommen wir zur negativen Seite des Gelbgrün, dem Giftgrün. Schon Goethe stellte fest, daß das Schwefelgelb, das ins Grüne fällt, etwas Unangenehmes an sich habe. Tatsächlich ist das Giftgrün dubios; in ihm vollzieht die Farbe eine Wandlung.

Der negativ grüngelbe Mensch ist unruhig und zwiespältig. Er neigt zu bösartigen Unlust-Reaktionen. Das Grüngelb, sonst Symbol von Jugend und Frühling, wird für ihn das Zeichen von Krankheit und Krise. Die Hoffnung schlägt bei ihm um in Empfindlichkeit und Kränkbarkeit.

In seiner giftgrünen Schattierung hat das Grüngelb Anziehungskraft für triebhafte, eifersüchtige Naturen. Daher war schon in der alten Symbolik das Giftgrün ein Symbol für verletzliche, reizbare, gallige und cholerische Menschen, die im Extremfall nicht vor giftigen Reden oder giftigen Tränken zurückschrecken. Und so ist das böse Ende dieser schönen Farbe Neid und Haß, Gift und Galle.

12. Der weiße Mensch

Das Sinnbild des Lichtes ist die Sonne, die helles, weißes Licht verstrahlt, das Sinnbild der Finsternis der schwarze Abgrund, in dem das Licht zum Nichts wird. Das Licht ist hell, und auch Weiß ist hell. Aber umgekehrt ist die Helle nicht gleichzeitig auch weiß. Weiß ist eine Sinnesqualität, eine Farbe, die Helle aber ist ein Licht-Element.

Das Weiß erscheint in der Farbe von Schnee, Eis und Licht, Wolken, blankem Metall, kalkigem Gestein, kreidigem Fels, als Wasserschaum in Wogenkämmen und Wasserfällen, in glänzenden Blüten, in gebleichten Fasern, in verblichenen Knochen, aber jedesmal ist dieses Weiß eine andere Farbe. Alabaster, Blei, Edel-

weiß, Elfenbein, Federn, Gips, Kalk, Kreide, Lilien, Marmor, Mehl, Milch, Papier, Perlen, Quarz, Reif, Schnee, Schwan, Schimmel, Schwerspat, Silber, Stärke, Zinn, solche Dinge, die teils hochpoetisch, teils ohne Gefühlswert sind, tragen alle die gemeinsame Farbe Weiß.

In dem verschiedenen Aussehen, das eine Winterlandschaft in der Sonne und bei trüb-verhangenem Himmel hat, zeigt sich der Gegensatz zwischen Lichtweiß und gewöhnlichem Weiß. Scheint die Sonne, ist es überall schön; fehlt sie, ist es tot und bedrückend. Leiht die warme Wintersonne dem Schnee Leben, so glänzt er in allen Farben des Spektrums. Doch nur-weiß, matt-weiß, tot-weiß ist der Schnee, wenn sich am Himmel schwere graue Wolken des Unwetters türmen. Weiß als unbunte, glanzlose Farbe ist charakterlos. Es steht den kalten Farben nahe und kann uns an Kühle und Kälte erinnern.

Die weiße Farbe wird im allgemeinen als glückbringend gedeutet. Der weiße Elefant gilt den Indern als heiliges Tier. Weiße Gewänder tragen die Brahmanen als Verkünder eines begierdelosen Wandels. Die alten Ägypter verehrten den weißen Sonnenstier. Für alte Kulturvölker verkörperte die weiße Tracht die Mysterien des Daseins, das glückhafte Geborenwerden und das geheimnisvolle Abscheiden, Geburt und Tod, Freud und Leid. In Griechenland war das Weiß die Farbe des Anstandes und der Schicklichkeit. In Rom erhielten die Himmelsgottheiten Jupiter und Juno als Opfer schneeweiße Rinder, die unterirdischen Götter schwarze. Weiß war die Farbe des römischen Staatskleides, der Toga, in welcher der Bürger sich in der Öffentlichkeit zeigte. Bei den alten Germanen ritt ihr Lichtgott Odin mit weißem Schild auf seinem Schimmelrosse Sleipnir. Die geflügelten Boten des lichtglänzenden Tages waren die Schwanenjungfrauen. Skinfaxi, die Glanzmähne, heißt in der Edda das Roß, mit dem der Tag angeritten kommt. Kein Tier war bei den Germanen heiliger als das weiße Pferd. Die christlichen Ersatzmänner Odins, die Heiligen Michael, Martin und Georg, sind sämtlich Schimmelreiter. Noch heute erscheinen Fürsten und Generale bei glanzvollen Paraden auf Schimmeln, und soweit möglich, in weißen Uniformen. Doch den "Weißen Zaren" gibt es im heutigen Rußland nicht mehr.

Im Mittelalter war Weiß, von Liebenden getragen, der Anfang glücklicher Liebe. Am höchsten Feiertag des Lebens, der Hochzeit, trägt die Braut deshalb ein schimmernd weißes Kleid. Wie Lilien glänzend stellt dieses die schönste Verkörperung des Menschenglückes dar. Ein freundliches Silberweiß ist die Farbe der Haare des ehrwürdigen, friedlichen Greises. Aber am Toten ängstigt uns die Marmorblässe auf seinen Wangen, die bleich auf einem fahlen Leichentuche ruhen. Ein schwarzes Bahrtuch deckt seine irdischen Reste, wenn sie zur Ruhe gesenkt werden.

Das himmlische Weiß ist das Sinnbild des Unfaßbaren und Unbegreiflichen. Das Geistige denken wir uns lichtklar, durchsichtig, wie einen schimmernden Kristall, der das Licht nach allen Seiten verströmt. Das Unsinnliche und Übersinnliche im Lichtweiß erhebt es über das Gewöhnlich-Irdische. Daher gehört es auch zu ernsten Feiern religiösen Inhalts. Überaus reich ist die Verwendung dieses weihevollen

weiß im christlichen Kultus. Sinnvoll legt die Kirche die Geburt des Welterlösers, der das Licht in die Welt brachte, in die Finsternis der langen Winternächte, und die Auferstehung des unbesiegten Sonnengottes nach seinem Kreuzestod feiert sie mit dem Wiederaufleben der Natur mit Beginn des Frühlings. Des Lichtes strahlendes Weiß ersteht mit dem Heiland; Jubel und Seligkeit über die göttliche Gnade vereinen ihre Strahlen zu Licht und Liebe im Glanze der Osterfreude.

In den Mysterien der Religion ist das Weiß das Symbol der göttlichen Makellosigkeit und Macht. Christus wird stets in weißen Gewändern dargestellt, die seine Sündlosigkeit symbolisieren. In der Offenbarung des Hl. Johannes tragen die Erlösten ebenfalls weiße Gewänder. Die 24 Ältesten sitzen weißgekleidet vor dem großen weißen Stuhl, und der Heilige thront dort so weiß wie Wolle. Als Sinnbild der sittlichen Reinheit tragen in der Kunst das Weiß auch heilige Männer und Frauen, die als Symbol ihrer Keuschheit weiße Lilien in den Händen halten. Ein nahtloses weißes Kleid schmückt die Engel, in denen alle Leidenschaften erblaßt sind, als Zeichen der Reinheit ihrer Seele. So nahen sich den Bekümmerten im Traum die helfenden Schutzengel, und in freundlichem Lichtweiß erscheinen die abgeschiedenen Geister ihren Lieben, um sie zu trösten und zu ermutigen. In eine hohe überirdische Stimmung versetzt den andächtigen Beter das weiße Gewand der Mutter Gottes; das Weiß ist bei ihr die Farbe der Jungfräulichkeit, sie verklärt das geheimnisvolle Wesen des Übernatürlichen.

Das Chorhemd, das die katholischen Priester unter ihrem Meßgewand tragen, heißt nach seiner weißen Farbe die Alba. Bei den Prozessionen der Fronleichnamsfeier spielt das Weiß eine besondere Rolle. Das Gewand des Glaubens als personifizierter Tugend ist schneeweiß, die Hoffnung kann ebenso gekleidet werden. Auch der parteilose Friede erscheint im weißen Gewand. Weiß ist das Pferd des apokalyptischen Reiters, der den Sieg darstellt. Die Fahnen der als allegorische Figuren gedachten Ehren und Tugenden, besonders der Weisheit, waren weiß.

Als Symbol des Reinen, Edlen, Heiligen, verkörpert das Weiß Würde und Erhabenheit. Insgesamt ist also das lichte, glänzende Weiß die Farbe der Sonne, des Tages, Gottes, des Hl. Geistes, der Engel, der Seligen, aller Güte, Reinheit und Heiligkeit, auch des Glaubens, des Sieges und der Weisheit.

Das Weiß, das bei Tag so harmlos ist, kann in nebligem Dunkel manchmal einen erschreckenden Eindruck machen. Wenn ein nicht mehr menschliches Wesen in Weiß erscheint, erfüllt es uns mit Grausen. Das kalte, dämmerige, lichtlose Weiß ist die Farbe der Gespenster. Grauenhaft sind die weißen Frauen, die durch verrufene Schlösser geistern, und man fürchtet sie, weil sie Todesfälle kundtun. Die Menschen, die sie sehen, werden vor Schreck weiß wie die Wand. Alle abgeschiedenen Geister erscheinen in einem milchweißen Dunst. Die Gespenster sind in einen gräulich-weißen Schleier gehüllt, und der König der Schrecken, wie ihn die Offenbarung des Johannes darstellt, reitet auf einem fahlen Roß einher.

Der weiße Turm im Londoner Tower, in dem so viele Krieger und Könige eingekerkert waren, wirkt mit seiner Vorstellung blaßwangiger Gefangener in weißge-

tünchten Zellen stärker auf die Einbildungskraft als sogar der Blut-Turm. Der Name des Weißen Meeres erzeugt unheimliche Gefühle, und der Große Bleiche Mann im Harz, der in unveränderlicher Blässe rastlos durch das Grün der Wälder geistert, scheint unheimlicher als die t[illegible]en roten Satans-Knechte auf dem Blocksberg.

Wenn Raubtiere, wie Eisbären, Eisfüchse oder Marder sich in Schnee- und Eisgegenden hinter einer weißen Schutzfarbe verstecken, so ist dies ein Spiel der Natur, bei dem der Kampf ums Dasein eine trügerische Maske in seinen Dienst stellt. Zwei weiße Tiere wirken in ihrer wilden Umgebung fürchterlich: der Eisbär der Polargegenden und der weiße Hai der Tropen. Das Grausen des Naturmenschen vor dem Eisbären rührt davon her, daß die sinnlose Wildheit dieses reißenden Tieres sich in das Gewand himmlischer Unschuld und Liebe hüllt. Das gräßliche Weiß des Haies ist es aber, das sein stummes Glotzen ebenso widerwärtig wie erschreckend macht. Zum Eisbären gehört die Szenerie des Polarmeeres, wo der Seemann, immer in der Gefahr des Schiffbruches, vor Kälte erstarrt, Eiszipfel im Bart, in den Eisbergen sozusagen einen grenzenlosen Friedhof vor sich sieht, der ihm mit Bildern kahler Grabsteine und splitternder Kreuze entgegengrinst.

Einzigartig ist der Weiße Wal, dem Herman Melville in seinem großartigen Roman "Moby Dick oder der Weiße Wal" (1851) fast die Züge eines menschlichen Helden gibt. Vergeblich verfolgte ihn der gewalttätige Kapitän Ahab über die sieben Weltmeere. Moby Dick, der alle Waljäger abschüttelte oder vernichtete, tötete auch diesen seinen besessensten Feind. In einem eigenen Kapitel meditiert Melville über die "Weiße des Wals", aber unlösbar blieb für ihn der Widerspruch zwischen der sanften, gewaltlosen Farbe und der Mordlust des Untiers. - So berühmt ist der alte Moby Dick, daß ein weißer Beluga-Wal, der im Mai und Juni 1966 den Rhein aufwärts bis zum Rolandsbogen schwamm, sofort eben denselben Namen erhielt. Er lieferte wochenlang Schlagzeilen für die Presse und faszinierte alle, die ihn so weiß sahen. Niemand konnte ihn fangen, auch nicht der Duisburger Zoo-Direktor Dr. Gewalt. Alles atmete auf, als Moby Dick II, dieses "kühne Herz", von weiß glänzenden Gefühlen begleitet, wieder zur Nordsee schwamm.

Der Leser möge diese Abschweifungen ins Tierreich verzeihen; doch auch bei den Menschen gibt es Männer mit weißer Weste und der Seele eines Haifisches. Man sieht auch im Fernsehen immer wieder weißgekleidete Menschenmassen in südlichen Ländern bei politischen Kravallen. Zuerst trügerisch ruhig, toben diese plötzlich unter heißer Sonne, brodelnd vor Leidenschaft, rebellieren gegen andere Religionen und putschen gegen fremde Politiker, bis die täuschende Oberfläche des Weiß sich durch das Blut der Revolution rot färbt.

Der Normalverbraucher von heute lebt in einer weißen Atmosphäre, die von Waschmaschinen und Waschmitteln bestimmt wird. Jedes Waschmittel wäscht weißer als das andere, es zwingt Grau raus und Weiß rein - weißer gehts nimmer. Überall, wo sich Menschen begegnen, duftet das Weiß der Wäsche desodorierend, es ist das strahlendste Weiß unseres Lebens.

Das Weiß ist die Arbeitskleidung bei Tünchern, Malern und Gipsern - leider dabei oft mit Kalk oder Kreide verspritzt. Weiße Arbeitsmäntel tragen Verschönerungsräte, die Friseure, und Studienräte als technische Lehrer. Die Lebensmittel-Läden blitzen vor Sauberkeit und Frische, anziehend weiße Verkäuferinnen blicken appetitlich, die Operationssäle glänzen vor Sterilität, und hell ausgeleuchtet werken Ärzte und Schwestern mit weißen Verbandstoffen in karbolduftender weißgekachelter Atmosphäre.

Das gemessene Weiß der Berufskleidung macht bedeutend, beachtenswert, kompetent. Wenn aber später die lächelnde Drogistin oder der gestrenge Arzt in einer zwar gehobenen, doch nicht autoritären, Zivilkleidung auftritt, so ist das meistens eine Enttäuschung.

Das Weiß begleitet uns in die Nahrung und in die Politik. Man ißt Weißbrot, Weißkohl, Weißwürste, Weißfische, trinkt Weißbier und Weißwein und redet dazu Weißkäse oder Quark. In der Jugend liebt man das Waschermadel oder eine Weißnäherin, im reiferen Alter erhitzt man sich bis zur Weißglut über politische Belange. Man liebt nicht die jungen Politiker, die unbeschrieben sind wie ein weißes Blatt, sondern wünscht Männer mit der weißen Weste, die aus Schwarz Weiß machen können. Auch Demokraten feiern ihre Feste im Weißen Saal des ehemals königlichen Schlosses, und sie dekorieren die ungewöhnlichen Menschen, die ihnen wie weiße Raben vorkommen, mit glitzernden Orden.

Das Weiß gehört zu menschlicher Sitte und Kultur, es ist eine echt menschliche Farbe, eine Farbe der Gesittung. Dazu kommt ein Zug von Zartheit an ihm. Es ist weniger materiell als die anderen Farben, leichter und feiner. Darum paßt es so gut zu jüngeren und schwächeren Lebewesen: es ist eine kindliche und weibliche Farbe, im Gegensatz z.B. zum Rot, das eine ausgesprochen männliche Farbe ist.

Das feierliche Weiß geleitet uns durchs ganze Leben. In weiße Kissen wird das unschuldige Neugeborene gelegt, ein weißes Gewand wird über Neugetaufte geworfen, ein noch schöneres bei der Firmung angelegt. Weiß ist das Sinnbild des Reinen, Unbefleckten, und man scheut sich, es zu beflecken. So tragen auch am Weißen Sonntag die Kinder dieses blütenreine Weiß und die transparenten Wachskerzen mit den hellen Schleifen. Festjungfrauen erscheinen in weißen Kleidern, dem Ornat reiner Freude. Der weiße Mensch zerfließt in die Umwelt, er verschenkt sich in Wärme und Fülle wie die helle Sonne. Darum ist das festtägliche Glanzweiß besonders die Farbe herzensfroher Liebes- und Freudenfeier.

Auf allen Höhepunkten des menschlichen Lebens finden wir weiße Menschen, das zum Fest geputzte Kind im Schimmer seiner roten Wangen, die jugendfrische Athletin bei Wettkämpfen, die vitale Dame beim weißen Sport, dem Tennis, die Braut, die der Schmelz ihrer Jugendblüte schmückt, die Salondame, die im Glanz ihrer Diamanten und Perlen die Rivalinnen überstrahlt. Ganz geläufig ist das Weiß als Skidreß und bei turnerischen Übungen. Eine Sinfonie in Weiß und Schwarz bieten internationale Bälle, die von Paaren in weißen Roben und schwarzen Fräcken eröffnet werden. Auch die weißen Spitzenröckchen des Balletts werden ebensowe-

nig aussterben wie die Tüllröcke der Turniertänzerinnen. Ganz geläufig ist heute das Weiß auch an Sommerkleidern, es hebt die Trägerin hervor und gibt ihr ein interessantes, distinguiertes Aussehen. Die weiße Kleidung wirkt vergrößernd und überwallt die Kontur, darum wirkt der weiße Mensch eindrucksvoll und strahlt aus.

Bei Festzügen geben Schulklassen mit einheitlich weißen Hemden dem Ganzen einen feierlichen Anstrich. Musikkapellen in Weiß schmettern grell ihre Melodien, Ehrenjungfrauen zeigen ihre weiße Unschuld, der Festredner trägt Hochglanzstiefel und ein schneeweißes Hemd zum schwarzen Frack. Beim Ausklang des Festes bringen weißbejackte Kellner mit wedelnden Servietten auf alpakablanken Platten zu den damastgedeckten Tischen die farbigen Leckerbissen und in silberklaren Kübeln das perlend schäumende Getränk.

Das Weiß hat große Aussichten, in Form von Silber Modefarbe der Zukunft zu werden. Im Herbst 1966 brachten Illustrierte wie "Stern" und "Bild" darüber traumhafte Bildberichte. Man holt sozusagen Mond und Sterne vom Himmel, um die Damen von Kopf bis Fuß in Glanz zu hüllen.

Schon für Mäntel und Overalls nimmt man aluminiumfarbiges Leder, Aluminiumschilder anstatt der Gürtelschnallen. An weißen Kleidern bestickt man die Kanten mit Silber; Silber ist festlich, Silber hebt die Stimmung, Silber flimmert und fällt auf. Silber gibt es in den verschiedensten Variationen, matt und zurückhaltend, glitzernd und ins Auge stechend, weich im Schimmer oder funkelnd wie ein Komet. Silbern schimmern Make-up, Puder und Nagellack: Silberstift auf den Lidern und Silberfrost auf den Lippen. Ein Hauch von Silber überglimmt alles. Es gibt silberne Schuhe, silberne Strümpfe, silberdurchwirkte Stoffe, Abendkleider mit Spiegel-Pailletten, mit Sternstaub bestreute Brokate, silbrig weißen Nerz als liebsten Pelz und silbrig blinkenden Weißgold-Schmuck.

Die Mädchen in Silber sind Fabelwesen. Zwitter von Homunculus und Mondkuh, phantastisch und erregend wie Astronauten. Als Traumfrauen entfachen sie kaltes Feuer. Im Silber-Look haben die Engel des Düsenzeitalters das passende Gefieder für das Rendezvous im All. Ihre Psychologie ist einfach: sie sind Roboter der Liebe oder - der Mode.

13. Der graue Mensch

Grau ist die Mitte zwischen hell und dunkel, doch wäre es falsch, das Grau nur als charakterlose Zwischenfarbe zwischen Weiß und Schwarz anzusehen. Es hat seinen eigenen Wert, auch wenn es sich bei Auflichtung zu Weiß und bei Ablichtung zu Schwarz entwickelt.

Grau ist die unbestimmteste Farb-Wahrnehmung, man spricht von Dämmergrau, Dunstgrau oder Schattengrau. Ebenso ist der graue Mensch schattenhaft, er verschwimmt und verschwindet in der Umgebung - oder er will es wenigstens. Er hält

Abstand zu sichselbst und zu anderen und reagiert möglichst gar nicht. Er ist nicht leicht durchschaubar, offenbart sein Inneres nicht und hält die anderen meist gar nicht für fähig oder willens, sein Wesen zu verstehen..

Weil Grau die Farbe der Dämmerung, des Nebels, des Ungewissen, ist, ist auch der graue Mensch, also der Mensch, der Grau in seiner Kleidung und Umgebung bevorzugt, im allgemeinen eintönig und spannungslos. Grau gekleidete Menschen repräsentieren sich in Neutralität, sie wollen nichts aussagen und können es meist auch nicht. Ein grauer Mensch ist oft bedeutungslos, nüchtern und sachlich, er scheint charakterlos und unklar, er ist unentschieden, fad und nichtssagend. Die Undurchsichtigkeit des Grau verdeckt seine Hintergründe.

Der passive graue Mensch ist unaufgeschlossen, teilnahmslos und interesselos. Er verhält sich träge, untätig und stumpf. Das Leben läßt ihn gleichgültig, er bleibt kalt und wahrt Abstand. Er ist nicht warm, nicht kalt, weder Fisch noch Fleisch. Aus Schüchternheit lebt er zurückgezogen und gibt sich den Anschein des Gleichmutes. Man weiß nicht, ob er sich nun langweilt oder nicht. Wenn man ihn nach der typischen Art seiner Gemütsbewegung einstufen will, kann man ihn wohl als Phlegmatiker bezeichnen.

In Grau hüllt sich der Detektiv, der in die Unauffälligkeit untertauchen und sich tarnen will. Das Grau ist die Farbe des Geheimniskrämers, der verbirgt und verdeckt, aber auch des Gelehrten, der sich sorgfältig bemüht, nirgends anzuekken, und der daher seine Theorien in akademischer Langeweile möglichst abstrakt und ohne Beziehung zur Wirklichkeit darstellt. Daher sagt Goethe: "Grau, teurer Freund, ist alle Theorie". Unsichtbar dagegen ist die sagenhafte "Graue Eminenz" - sie bleibt im Hintergrund und regiert. Der Gegner dieser Typen weiß nie recht, woran er ist, und ihre Geheimnisse wird er sicher nicht erraten können.

Der negative graue Mensch neigt zu Schwermut und Depression. Er ist abgestumpft gegen die Freuden des Daseins und verzichtet auf das Schöne. Er beschränkt sich auf seinen engen Lebenskreis und resigniert. Oft fühlt er sich vom Leben zurückgesetzt und von den Menschen vernachlässigt. Deshalb verfällt er der Melancholie und verharrt in Trauer. Er hat nicht das, was man "Temperament" nennt, sondern ist ein Melancholiker. In seiner Langsamkeit verpaßt er jede Chance. Meist ist er selbst schuld an seinem Unglück. In der Bibel heißt es von Trauernden, daß sie in Sack und Asche gehen. Bei diesen grauen Menschen wird das Grau zum Zeichen der Buße, Demut und Wehmut, es ist die saturnische Farbe des Mißgeschicks und der Trübsal.

Im Lauf der Zeit hat das Grau in der Sprache weitgehend seine älteren gefühlsmäßigen Wertungen verloren. Es gilt nicht mehr wie im Mittelalter als die Farbe der sozial Niederstehenden, denen das Tragen bunter Farben verboten war, und es versinnbildlicht auch nicht mehr wie in der altgermanischen Symbolik das Heimtückische, Hinterlistige und Feindselige. Doch immer noch ist das Grau die Farbe der Gespenster: Grau ist der Nachtmahr, der Alpdruck, die Angst und das Entsetzen.

Der *positive* graue Mensch ruht in sich selbst, er ist seiner sicher und nicht aus der Ruhe zu bringen. Ohne Leidenschaft und Aufregung führt er ein gleichmäßiges Leben. Beständigkeit und Beharrung ist sein Ziel. So ist sein Dasein gleichförmig, bescheiden und geordnet. Außenstehenden erscheint er vielleicht steifleinen und pedantisch, in Wirklichkeit ist er zuverlässig und korrekt. Er hat ein gutes Empfinden für echte Werte und lehnt alles Effekthascherische oder Sentimentale ab. Es ist viel Zurückhaltendes in ihm, viel Nachdenken, viel Theorie. Nur schade, daß dabei sein Herz leer ausgeht.

Gern entschließen ältere Menschen sich für Grau, weil sie nicht mehr aktiv sein wollen, neutral bleiben und ihre Ruhe haben möchten. Bei Krankenschwestern und Nonnen ist die graue Tracht ein Zeichen von Dienstbarkeit, selbstgewählter Verpflichtung und Entsagung. In solchen Fällen steht das Grau außerhalb der sinnlichen und sexuellen Sphäre.

Der Fortschritt moderner Farbgebung hat in unserer Zeit Grau-Nuancen erzeugt, die in der Kleidung ausgesprochen modisch wirken. Der Gentleman, der nicht auffallen will, trägt ein dezentes Grau. Schnitt und Stil und Feinheit des Stoffmusters machen auf ihn aufmerksam und lassen seine Qualitäten ahnen. Dieses gepflegte Grau verrät Eleganz und schafft Distanz. Für eine echte Dame ist ihr graues Schneiderkostüm eine Art Maske, die all das verbirgt, was an ihr köstlich und liebenswert ist. Vielleicht hat sie Angst, sich in der Öffentlichkeit vom neutralen sicheren Boden wegzubewegen. Sie will keine Spur von Aktivität oder Leidenschaftlichkeit verraten. Das junge Mädchen im grauen Straßenmantel entpuppt sich im Ballsaal als bunter Schmetterling. Bei Festlichkeiten ist die Garderobe am Eingang der Umschlagplatz der Farben, auf deren Drehscheibe sich nichtssagende Hüllen in bunte Wirbel wandeln.

Die Stufenleiter, die wir aufgestellt haben, zeigt die Vielseitigkeit des Grau. Einen eigentlich "grauen Menschen" gibt es kaum, weil die Vorliebe für Grau weitgehend von Gelegenheit, Stimmung und Alter abhängt. So ist das Grau oft nur ein Übergangs-Stadium.

Tatsächlich liegen im Grau Möglichkeiten aller Art. In der Natur lichtet das Grau zwar einen dunklen Hintergrund auf, aber es verbirgt auch das Licht. Das Grau kann sich so oder so entschließen.

Darum hat der graue Mensch, dessen Wesen gleichgültig und unfarbig erscheint, die Möglichkeit, entweder ins Helle aufzubrechen oder sich im Dunkel zu verbergen. Er kann sich aus der Unentschiedenheit heraus extratensiv oder introversiv entscheiden, sich nach außen oder nach innen wenden.

Erfreulich ist natürlich die Öffnung zum Lichte hin, die das Grau zur lebendigen Farbe aufwertet. Dann ist es so, wie wenn der bisher bedeckte Himmel weiße Wolken auf himmelblaue Herzensfreude aufscheinen läßt. Und zum Schluß darf es gesagt werden: in dem unscheinbarsten grauen Menschen kann ein heller Kern, eine farbige Seele stecken - man muß sie nur suchen.

AUFRISS DER WICHTIGSTEN FARBTYPEN

Farbtypus	Temperament	Veranlagung	Neigung	Beruf	Verhalten
Der rote Mensch	cholerisch	aktiv energisch triebstark	Kampf Herrschaft Organisation	Unternehmer Offiziere Techniker	impulsiv streitbar angeberisch
Der gelbe Mensch	sanguinisch	lebensnah kritisch sensitiv	Kontakte Wissensdurst Denken	Vermittler Lehrer Schriftsteller	aufgeschlossen sachlich, klar nüchtern
Der blaue Mensch	melancholisch	passiv zurückhaltend egoistisch	Ordnungsliebe Pflichttreue Geduld	Schwerarbeiter Forscher Rechner	vorsichtig ernst praktisch
Der grüne Mensch	phlegmatisch	ruhig gemütvoll zufrieden	Gleichmaß Sicherheit Behaglichkeit	Geschäftsleute Handwerker Landwirte	anpassungsfähig kinderliebend zäh, bescheiden
Der blaugrüne Mensch	unberechenbar	unrastig bindungslos sprunghaft	Freiheit Fernweh Reform	Originale Künstler Erfinder	willkürlich wxzentrisch oppositionell
Der Indigo ultramarin Mensch	harmonisch	positiv sittlich schöpferisch	Aufstieg Geltung Einfluß	Menschenfreunde Idealisten, Herren, Leiter	gemessen gütig, treu sozial

PSYCHOLOGISCHER FARBENSCHLÜSSEL

Wirkung auf Denken, Fühlen, Wollen, - sowie Beziehungen

nach Heinr. Frieling und Xaver Auer, "Mensch-Raum-Farbe" 2. Auflage, Verlag Callwey, München 1956, Tafel nach S. 16

Zitrongelb	anregend, befreiend, erleichternd Geistigkeit, Intuition, Kontaktnahme
Orange	festlich, freudig, erwärmend, mitteilsam machend Glanz und Reichtum, Sonne, Fruchtbarkeit
Hellbraun	erdig-wärmend, trocken, tastbar Realität, bis Banalität, Geld
Dunkelbraun	erdig-festigend, stabil, nüchtern, verschwiegen Sparsamkeit, Solidität
Braun	real und triebhaft, zäh Häuslichkeit, Stabilität
Reinrot	erregend, lebhaft, hitzig, leidenschaftlich Feuer, laut, Nähe, Gefahr, Eros
Dunkelrot	kräftigend, mächtig, beweglich, stark Blut, Kraft, Macht, Liebe
Purpur	erhaben, würdig, prächtig, gebietend Hohe Rechtlichkeit, Königtum, Abstand
Lila-Rosa	zart, kraftlos, abstandgebend mädchenhaft, süßlich, zurückhaltend
Violett	mystisch, unruhig, beschwerend Hoher Anspruch, Sorge, Besonderheit, Tiefe
Lila	verzaubernd, zwiespältig, schwächlich Magie, Melancholie, herber Duft, Rausch
Indigo	vertiefend, konstruktiv, beherrscht Ernst, Philosophie, Kristall
Blau	sehnend, gemütvoll, empfangend Himmelsweite, Klarheit, leise
Blaugrün	abstandgebend, empfindsam, abstrahierend Wasser, Eis, Glätte, Kälte
Maigrün	begehrend, naturhaft, aber auch giftig-triebhaft kühl, feucht, Ruhe
Gelbgrün	zart, innig, weich, besänftigend Knospung, Schonung
Flaschengrün	naturhaft, triebsicher, hegend, sichernd, aufnehmend Mütterlichkeit, Sicherheit, Hoffnung
Grüngelb	aufgeschlossen, hingebend, heiter-gelöst Bescheidenheit, klarer Sinn, Problemlosigkeit

IV. PSYCHOLOGISCHE FARB-TYPEN-FORSCHUNG

1. Die Schattierung des Charakters

Als Schattierungen oder Nuancen bezeichnet man heute die Gesamtheit der bunten Malerfarben in ihren verschiedenen Abstufungen. An sich bedeutet das Wort "Schattierung" die Abstufung und Abschattung in Farbenübergängen, die vom Hellen zum Dunklen gehen oder von einer Farbe zu einer anderen überführen. Auch bei den menschlichen Charakteren kann man von Schattierungen sprechen; denn ihre Stufenleiter geht vom "leuchtenden Vorbild" mit der "weißen Weste" über die greulichen "Dreckseelen", die gern im "Trüben fischen", bis zu den "schwarzen Teufeln".

Kräftige, aber ruhige und taktvolle Naturen besitzen eine Vorliebe für kalte Rein- und Trübfarben. Kraftvolle, aber derbe und ungehemmte Menschen wünschen nur energische Vollfarben. Aus einer Vorliebe für eine starke Sättigung oder einen schwächenden Weißgehalt kann die Kraftfülle oder Schwächlichkeit eines Menschen erkannt werden. Zarte oder unaufdringliche Naturen brauchen eine entsprechende Verdünnung. Die gesättigten Farben erwecken geistiges Gefallen nur bei klaren, bestimmten Charakteren, welche die Dinge gut zu unterscheiden wissen und für ihr Leben intensive Erregungen brauchen, weil diese ihnen wohltun. Kraftlose, seichte oder matte Personen können nur aufgelichtete Farben von hohem Weißgehalt vertragen, die wegen ihrer Schwächung in negativer Wertung fad und ausdruckslos erscheinen. Heitere und liebliche Wesen, welche duftige Farbgebilde hochschätzen, lassen damit ihre ätherische feine Seelenstruktur erkennen. Dünne oder durchscheinende Farben kommen der Eigenart des Geistig-Ästhetischen ebenfalls entgegen. Aber auch einfache Farbtöne in großer Ausdehnung oder doch hinsichtlich der Verschiedenheit der Töne fühlbar zurückhaltende Farbkomplexe sind diesem Eindruck günstig. Ebenso stimmt es zum Eindruck des Ästhetischen, wenn die Farben auf Lebhaftigkeit, Sättigung, Leuchtkraft und Glanz verzichten und in fühlbarem Maße sparsam und spröde gehalten sind.

Ganz ähnlich ermöglicht der Schwarzgehalt oder Trübungsgrad einer Farbe Schlüsse auf die freudige oder traurige Grundeinstellung eines Menschen. Je reinere Farben einem Menschen zusagen, desto lebendiger ist sein Wollen; je trübere er aussucht, desto toter ist sein Können. Lebhafte, fröhliche, festlich gestimmte, lärmende, laute Charaktere lieben die Farben ohne Schwarzgehalt, also die warmen Spektralfarben. Gedämpfter, bescheidener, zurückhaltender ist die Art derer, die nur für mäßig gebrochene Tönungen, z.B. Braun oder Oliv, etwas übrig haben. Stille, kontemplative Naturen fühlen sich hingezogen zu Farben, die im Dunkel verklingen. Graue Trübfarben passen zu den schwachen Geschöpfen, die sich überall anschmiegen, ohne sonderlich beachtet zu werden. Trübe Farben erscheinen nämlich beeinträchtigt, verschlechtert oder wie um ihren Sinn gebracht. Wer sie

bevorzugt, wird vielleicht sogar zum Trübsinn neigen. Je graulicher oder gräulicher?) eine Farbe sein muß, um einen Unglücklichen zu befriedigen, desto eher sieht es in dessen Innern ernst, traurig oder gar tot aus. Häßliches Grau ist die eigentliche Farbe der Trauer; im Altertum trauerte man in Sack und Asche. Unsere Konvention verwendet dafür das Schwarz, das eigentlich die reine Sachlichkeit oder Konzentration symbolisiert. Wenn die Bösewichte auf dem Theater in Schwarz gesteckt werden, so charakterisiert man sie dadurch als gemein, bösartig und teuflisch. Für die Teufelinnen des Alltags gibt es die "Vamp"-Farben in den giftigen Tönen.

Als Abbild einer triebhaft - sinnlichen Seele dienen Farben von robuster Gesundheit und derber Naturwüchsigkeit. Heitere Daseinslust und schöner, veredelter Genuß finden ihren Schmuck durch helle Farbtöne und frohe, lachende Blumenfarben, die sich weich einschmeicheln. Bei "süßen" Nuancen tritt uns die Oberfläche des Genusses entgegen, beiden "heißen" bricht die Tiefe der Triebhaftigkeit heraus. Gewisse Tönungen von Orange und Violett reizen sinnbetörend oder bezaubern unheimlich, wenn sie in großer, glänzender Aufmachung, glitzernd und schillernd, dargeboten werden. Hier ist dem Spiel der Phantasie Tür und Tor geöffnet. Farben können locken und verführen, verzücken und berauschen. Denn sie sind bald schwer und schwül, bald träumerisch und märchenhaft, bald abenteuerlich und aufwühlend. Die schöne Seele, die in ihrer ganzen Lebensführung künstlerische Haltung und harmonischen Stil zeigt, wird ihr inneres Gleichgewicht ebensowenig in hart und grell gegeneinanderstehenden Farben wie in einem wüsten Durcheinander äußern können. Ein sanftes und leichtes Zusammenstimmen ist am besten geeignet, ihren stillen Einklang von Natur und Geist zur Erscheinung zu bringen. Dagegen wird der harte Charakter, der seine Eigentümlichkeit um jeden Preis behauptet, im Nebeneinander von zwei oder mehr Farben, die sich zu reiben oder zu drängen scheinen, das Grelle in ihm, das Rohe und Zerrissene, herausstellen.

Bei abnormer seelischer Veranlagung scheinen Gefühlswirkungen der Farben bisweilen verändert zu sein; doch bestätigt die genauere Analyse meist die Grundgesetze der Farbenwirkung. Bei seelisch Schwachen können Gelb und Rot, auch in gemäßigten Tönen, unlustvoll wirken, weil sie als aufregend empfunden werden und sogar körperliche Symptome wie Kopfweh usw. erzeugen. Umgekehrt zeigen manche Gruppen von Abnormen, namentlich Hysterische, Epileptiker und viele Tuberkulöse, eine krankhaft gesteigerte Affinität zum brennenden Rot. Diese Hingezogenheit kann unwiderstehlich sein: am allermächtigsten entfaltet sie sich gegenüber dem echten Feuer, so daß sie beim Ausbleiben roter Reize sogar zur Brandstiftung zu treiben vermag. Wer das Entzücken beobachtet, mit welchem auch gesunde Menschen auf satte Rotbeleuchtungen reagieren, z.B. auf stark farbige Abendröten oder bengalische Illuminationen, kann dafür sicher Verständnis aufbringen. Trotzdem hat die Rot-Sucht jener Psychopathen in ihrer Triebhaftigkeit etwas Unbeherrschtes und Krankhaftes. Untersucht man ihr Seelen-

leben, so kommen in ihren Träumen oder künstlerischen Produktionen immer wieder brennend rote Halluzinationen vor. Deren glühend rote Farbtöne verursachen offenbar Erregungen von höchst lustvoller Gefühlsfärbung, die sich (nach Hellpach) bis zu schweigender Wollust steigern können. - Krüppel fallen oft auf durch geschmacklose Farbenwahl. Allbekannt ist die Sucht der durch Tuberkulose der Knochen oder der Gelenke Verwachsenen, sich in grellrote Farben zu kleiden, obwohl dadurch die Aufmerksamkeit auf ihr Gebrechen gelenkt wird. Wahrscheinlich rührt diese chromatische "Geschmacksverwirrung" von dem hektischen Fieber her, das ihren Körper verunstaltet und zerstört.

Höher entwickelte Personen von natürlicher Vielseitigkeit vermögen mehrere Farben, sei es nacheinander, sei es miteinander, in sich zu empfinden. Wer aber nur eine einzige Farbe oder gar keine erfühlen kann, der ist, wenn man ihn von hier aus beurteilen will, nüchtern und ärmlich, mindestens einfach oder gar beschränkt.

Das Verständnis für Buntheit in der Farbenwahl läßt vielleicht auf eine Neigung zum Lustig-Sein schließen, sicher aber auf Impulsivität. Ein Farbindex mit der Vorliebe für verschiedene Nuancen desselben Tones deutet auf Verständnis für die Welt und Anpassungsfähigkeit.

Wem eine größere Farbenfülle im Innern zur Verfügung steht, der ist seelisch reich. Er ist auch nach außen ein Vollmensch, wenn er diesen Reichtum geschmackvoll zur Schau stellen kann. Aus der Art von Farben-Zusammenstellungen, die an verschiedenen Menschen auftreten, wird ein Menschenkenner von Einfühlungsvermögen ohne große Mühe erkennen, ob sie feierlich oder keck, gemessen oder lebendig, langweilig oder interessant, alltäglich oder originell, ausgeglichen oder mißklingend sind. Ebenso kann man nach Farbkombinationen beurteilen, ob ihr Schöpfer vornehm oder unfein, anziehend oder abstoßend, geordnet oder chaotisch ist. Unstreitig ist in der letzten Generation eine Verfeinerung und Läuterung des Farben - Geschmackes vor sich gegangen. Dies ist das Verdienst der Farbenschöpfer, ihrer Entwürfe für Modellkleider und Konfektion, der überall gedruckten farbigen Modebilder - aber auch des neueren Farbfilms. Deshalb kommen heute kaum noch plumpe Ungeschicklichkeiten in der Farbwahl vor.

Jede Farbe kann schön sein, wenn sie in die Dynamik des ästhetischen Erlebens im richtigen Augenblick und an der richtigen Stelle eintritt. Der ästhetisch vervollkommnete Geist findet heraus, was charakteristisch ist, wenn das Wesen gezeigt werden soll, und was verschönt, wenn es auf Schönheit ankommt. Auch dem harmonischen Naturell und dem Farbkünstler wird es vergönnt sein, das Ideal der Farbenharmonie zu erreichen, in dem eine Totalität sich zu einträchtigem Zusammenklang verbindet. Den höchstwertigen Farbenzustand erreicht nur der, der jeweils die seinem Bedürfnis und seiner Umgebung, seinen Stimmungen und Gefühlen entsprechenden Farben in sich schaut und in Vollkommenheit von Flächenbemessung, Polarität und Rhythmus um sich aufbaut. Könnte man die innere Farbenfülle eines Meisters, von dem alles Schwere, Grobe, und Niedere abgefallen ist, wie

im Experiment durch den Farbenkreisel vereinigen, so müßte uns zur Kennzeichnung vollständiger Ausgeglichenheit und harmonischer Persönlichkeitsfülle statt des Regenbogens der natürlichen Grundfarben ein einheitlich leuchtender Lichtbogen entgegenglänzen.

2. Farben als Mittel der Menschenkunde

Der Zusammenhang zwischen Farbe und Mensch wird heute von der Psychologie in weitem Rahmen erfaßt und wissenschaftlich ausgewertet. Wenn verschiedene Menschen verschiedene Farben bevorzugen, so zieht daraus die Psycho-Diagnostik ihre Schlüsse. In der Farben-Analyse (USA: Coloranalysis) stellt die Psychodiagnostik durch die sog. Farbentests (Colortests) Farb-Bevorzugungen heraus, um dadurch seelische Konstitution, Temperament usw. aufzudecken. Denn nicht alle Menschen reagieren gleich stark und gleichartig auf Farben! Der Neugeborene ist zunächst farbenblind. Zuerst spricht er auf Gelb an, weil in diesem das Helligkeits-Maximum liegt. Später wird das Kind zunehmend von Rot als der biologischen Signalfarbe angezogen. Erst von der Pubertät an verfeinert sich der Farbensinn und führt zu einem allmählichen Verständnis oder sogar zu einer Bevorzugung von Grün- und Blautönen und damit des kurzwelligen Lichtes, wenn nicht etwa mit zunehmendem Alter dunklere Töne den Verzicht auf Lebendigkeit andeuten. Wie die Jugendlichen ziehen auch im ganzen genommen die Frauen und überhaupt die Menschen, die zu stark ausgeprägten Stimmungswechseln mit Auf und Ab neigen, lebendige Farb-Töne mit viel Rot vor. Männer und gleichmäßig gestimmte Personen, die eher zur Beschäftigung mit verschiedenen Dingen neigen oder zwei ganz verschiedene Seiten zeigen, bevorzugen nach JASTROW und J. H. SCHULTZ Grün und Blau.

Über die von E. KRETSCHMER aufgestellten Menschentypen ist zu sagen, daß die introvertierten Schizothymiker vorwiegend zu Blautönen sich hingezogen fühlen. Der "rundwüchsige" Körperbautypus besitzt ein viel innigeres Verhältnis zur Farbe als der "schlankwüchsige". Während die gemütvolleren "Pykniker" in der Welt der Farben aufgehen, nehmen die sachbetonten "Leptosomen" in erster Linie die gegenständlichen Formen der Dinge wahr. - Nach Frieling bevorzugen die Schizothymen, also die leptosom - hager gebauten und innerlich zwiespältigen Menschen, kalte und dunkle Farben wie Grünblau, Blau, Violett, Schwarz, wogegen die körperlich pyknisch-untersetzt gebauten Zyklothymen als "Herzensnaturen" die warmen und hellen Töne bevorzugen, vornehmlich Weiß, Gelb, Gold und alle Orangetöne bis zum Rot. Diese Einteilung deckt sich ungefähr mit den Ergebnissen bei Introvertierten und Extravertierten; doch liegen dort die Verhältnisse nicht ganz so klar.

Erich JAENSCH unterschied allgemein zwischen den pigmentstarken, an das Sonnenlicht adaptierten und daher "rot-sichtigen" Südländern und den mehr an das

allgemeine, diffuse Himmelslicht angepaßten, vorwiegend "blau-sichtigen" Nordländern. In "Forschungen und Fortschritte" XIII, 4, 44 ff. vom 1. Februar 1937 kennzeichnet er daher je nach der Vorliebe für Rot oder Blau die "Warmfühlenden" und die "Kaltfühlenden". Tatsache ist es ja, daß das Blaulicht die Introversion fördert, das Rotlicht die Extraversion. Besonders wichtig ist, daß C. G. JUNG von einem roten Gefühlstyp, einem grünen Empfindungstyp, einem gelben Intuitionstyp und einem blauen Denktyp spricht. Hier liegen die vier Farben der Temperamente vor ! Epileptiker, Hysterische und Tuberkulöse sollen eine Affinität zu Rosa haben, sexuell Abnorme und ältere Frauen dagegen zu Violett, das eben "Distanz fordert." In Korrektur eines älteren Schweizer Farbtestes kann man feststellen, daß eine rote Eigenfarbe auf ein cholerisches Beherrschungsstreben hindeutet, Gelb auf sanguinisches Erlebnisstreben, Blau auf melancholisches Beharrungsstreben und Grün auf eine gemütsmäßige Hingabe bei aufgeschlossener Grundhaltung.

Prof. R. W. GOLDSCHMIDT hatte im Laboratorium des Institutes für experimentelle Psychologie an der Universität Münster eine Apparatur zur Vermittlung objektfreier Farbreize geschaffen und Versuche über deren ästhetisches Erleben angestellt. Im Anschluß an ihn machte J. H. SCHULTZ "Das autogene Training. Konzentrative Selbstentspannung", 5. Aufl. Georg Thieme Verlag, Leipzig, 1942 S. 168 ff. (ähnlich in der 6. Aufl. G. Thieme, Stuttgart, 1950) grundlegende psychologische Versuche zur Feststellung der für eine Einzelpersönlichkeit charakteristischen Farbe. Einwandfrei geht aus seinen epochemachenden tiefenpsychologischen Versuchen hervor, daß Farbe und Typ identisch sind, mit anderen Worten, daß jeder Typ die ihm eigene dominierende Farbe hat. Darum empfahl J. H. Schultz den Schülern des autogenen Trainings, sich die wichtigsten Grundfarben zu vergegenwärtigen und niederzuschreiben, ob und welche Gegenstände ihnen dazu einfielen, bei welchen Farben sie versagten und welche Gefühlsmomente in ihnen erlebt wurden. Es ist erstaunlich, welche Querschnitte durch die Persönlichkeit solche Versuche geben. "In naher Übereinstimmung mit den Erfahrungen über physikalische Farbenerlebnisse und ihre allgemeinen und affektiven Beziehungen werden dabei ganz bestimmte Farbenwahlen getroffen" sagt J. H. Schultz.

Wenn es einer Versuchsperson gelang, sich eine Farbe vorzustellen und in tiefer Versenkung sie vor ihrem geistigen Auge körperlich oder abstrakt erscheinen zu lassen, sich in deren Gedanken- und Gefühlsgehalt einzufühlen, dann dieses Erleben im Gedächtnis festzuhalten und schließlich sprachlich wiederzugeben, so erlangte sie dadurch interessante Aufschlüsse über ihr Innenleben, weil dabei die "Eigenfarbe" aufgefunden und mit deren Schilderung das Ich direkt oder indirekt dargestellt wird. So ließen die Versuche mit dieser "Eigenfarbe" einen ganz spontanen Blick in die innere Welt der Versuchsperson tun. Das erste Ergebnis war die charakteristische Erlebnisbeziehung von warmer Farbe und warmlebendiger Stimmungslage. Speziell Rot wurde bevorzugt von einer vitalen, heftigen und sehr temperamentvollen Dame, die im Beruf Hervorragendes leistete, aber bisweilen von Antrieben großer Heftigkeit überwältigt wurde. Für Blau entschied sich ein

Ingenieur wegen seines Strebens nach kühler Sachlichkeit; aber diese ließ in seinem Innern vieles leer, so daß in ihm ein "seelisches Frieren" auftrat. Gelb wählte dagegen ein überwiegend praktisch - real eingestellter Organisator von hoher Begabung und starkem Pflichtbewußtsein. Allerdings litt dieser unter einer gewissen Reizbarkeit, die auf die starke Gefühlsbeherrschung zurückzuführen war. Zum Blaurot fühlten sich hingezogen Pykniker mit ausgeglichener Affektivität, doch auch vitalheftige, aber beherrschte Naturen; zum Braunrot humor- und gemütvolle Typen, zum Gelb introvertierte Intellektuelle mit von Hemmung durchbrochenem Glücks- und Wärmeverlangen, während affektarme, intellektuelle Theoretiker oft überhaupt keiner Farbenvorstellung fähig sind.

Die Methode des autogenen Trainings ist dazu geeignet, das Farb-Erleben zu vertiefen. Denn in ihr wird durch Entspannung und Versenkung die Psyche so sehr gelockert, daß sie zu einer auf Farb - Erlebnisse aufgebauten Innenschau gelangen und auch zur Darstellung solcher optischer Erlebnisse vordringen kann, die aus dem bildhaften Erleben von Farben entspringen. Über die Versuche mit der Eigenfarbe hinaus forderte J. H. Schultz natürlich noch, daß jeder, der an seinem autogenen Training arbeitet, sich auch die anderen Farben einzeln nacheinander vergegenwärtigt, um so den ganzen Kreis der möglichen Farben - Erlebnisse und damit Seelen - Erlebnisse geistig zu bewältigen und zum unverlierbaren inneren Besitz zu machen. Denn dadurch wird nicht bloß die Erlebnis - Fähigkeit und -Tiefe überhaupt gesteigert, sondern auch die Möglichkeit zu eigener Verfügung über Farb-Potentiale erhöht.

3. Psychodiagnostische Farb - Analyse

In der ästhetischen Betrachtungsweise können Farben wie Menschen selbst oder ihre Eigenschaften aufgefaßt werden. Daher gibt es kein Gebiet des Menschlichen, das nicht in eine - meist symbolische - Beziehung zur Farbe gesetzt werden könnte, und keine Farbe, die sich nicht in irgendwelcher Weise mit menschlichen Empfindungen oder Wesenszügen in Parallele stellen ließe. Keine Richtung des Wollens, Fühlens, Denkens im menschlichen Seelenleben ist einer Verbindung mit Farben verschlossen. Dies wies der Psychologe G. J. von ALLESCH nach durch seine Untersuchungen über "Die ästhetische Erscheinungsweise der Farben" in den "Psych. Forschungen" Band IV, 1925, S. 1- 91. Er erforschte an seinen Versuchspersonen die Fähigkeit, ihr ästhetisches Erleben an Farben bewußt zu machen und mit den Mitteln der Sprache möglichst klar und deutlich zu umschreiben.

Setzt man nach einer Versuchsreihe an verschiedenen Farben all die Aussagen zusammen, die ein einzelner Mensch über Farben gemacht hat, so ergibt sich ein überraschend deutliches Bild seiner Persönlichkeit. Man kann aus der Zahl der Begriffsreihen, die ihm zur Charakterisierung von Farben zur Verfügung stehen, auf sein geistiges Niveau schließen. Von erstaunlicher Öde des Inhalts steigt dieses auf

bis zur höchsten Gestaltungskraft, in welcher Eindrücke von höchstem Reichtum, immer wieder neu individualisiert, aufblühen. Man kann dabei den Reinen vom Triebhaften, den Begeisterungsfähigen vom Trockenen, den Zurückhaltenden vom Hingebenden, den Heiteren vom leicht Verstimmten, den Aufgeschlossenen vom Gleichgültigen, gut unterscheiden. Man sieht, wie das kräftigste Erlebnis- oder Denkgebiet sich auch in der ästhetischen Reaktion durchsetzt, und man erkennt, wie bei dem einen die von den Farben ausgehenden Anregungen kurz enden, nachdem sie kaum die gröbste Form gefunden haben, und wie beim anderen eine fast unbegrenzte Gestaltungskraft noch den letzten Nuancen des Eindrucks Greifbarkeit verleiht. Die Totalität der Persönlichkeit mit allen geheimen Quellen, mit allen ihren Perspektiven nach rückwärts und nach vorwärts ist in die Äußerung des Farbenerlebens einbezogen.

Neuerdings sind öffentliche Umfragen über Lieblingsfarben Mode geworden. Es ist fraglich, ob ihr Ergebnis immer unverfälscht ist. Schon zur Zeit, als man sich zuerst über die Frage besann, ob einem bestimmten Charaktertypus eine Farbe innerlich zugeordnet sei und ob sie bewußt von ihm vorgezogen werde, kümmerte man sich um die Methodik der Experimente. Im Anschluß an die Untersuchungen über die Bezeichnung der Farben, die im "Archiv für die gesamte Psychologie" Band 60, Heft 1/2, 1927, ihre Veröffentlichung gefunden hat, stellte Dr. JENNY SATTLER-KÖNIG fest, daß die Ganzheitlichkeit des Erlebens oft dazu führt, daß die Versuchspersonen nicht über die Farbe selbst aussagen, sondern über ihren stark gefühlsbetonten Träger, z. B. ein stimmungsvolles Bild, einen liebgewordenen Edelstein, eine schöne Frucht - weil dieser im Mittelpunkt des Erlebens steht. Vor allem die Kinder nannten als Lieblingsfarbe die, welche zuletzt, z. B. eben durch die psychologische Vorbesprechung, in ihr Bewußtsein gehoben war. Heutzutage ist wohl bei fachpsychologischen Untersuchungen dafür gesorgt, daß solche Fehlerquellen ausgeschaltet werden.

Die moderne Tiefenpsychologie von C. G. JUNG bemüht sich, die Beziehungen zwischen Farben und Menschentypen - sogar unter Heranziehung okkulter Methoden - zu klären. Die Farb-Affinitäten lassen sich in den Träumen, aber auch in den Gewohnheiten des unbewußten Lebens deutlich erkennen. Auch die visionären Farbenerscheinungen versprechen interessante Aufschlüsse. Neuerdings ist man sogar zum Teil dazu übergegangen, diese Farbenerscheinungen künstlich durch Medikamente hervorzurufen und daraus Schlüsse auf die seelische Konstitution des Menschen zu ziehen.

Die moderne Psychodiagnostik benutzt mehr und mehr die Farbeffekte zur Auffindung affektbetonter psychischer Komplexe. Tritt beim Rorschachtest z. B. beim Übergang von unfarbigen Testbildern zu farbigen ein "Farbenschock" ein, d. h. eine auffällige, unlustbetonte Reaktionsverzögerung, so kann daraus auf Affektstörungen geschlossen werden. Bei ausgeglichenem Affekt-Haushalt sollen sich Form- und Farb-Antworten ungefähr die Waage halten. Die Reaktionen auf Farben gehören mehr der unbewußten Trieb- und Affektschicht an, die Form-Antworten mehr

der Bewußtseinsschicht. Wenn Farbe und Form ungefähr gleich stark ansprechen, so stehen das "Es" und das "Ich" in Harmonie. Der Rorschach-Römer-Versuch beurteilt die Farbantworten als Zugang zur Charakter- und Neurosenforschung, also besonders zur Aufdeckung seelischer Konflikte. Der Rotschock, also das abwehrende Reagieren auf Rot, kann mit aggressiven oder libidinösen Affekt-Einklemmungen oder aber auch mit einer epileptischen Anlage zusammenhängen, wie ja nach ZULLIGER überhaupt die Rot-Attraktion auf einen triebhaften Charakter hinweist. Der Blau-Schock ist nach BOHM, "Lehrbuch der Rorschach-Diagnostik", Verlag Huber, Bern 1951, ähnlich dem Dunkelschock, ein Zeichen von Affektsperre, während der Weißschock nach KAREN HORNEY für das Geschlechtermißtrauen spezifisch sein soll. Lhotsky "Der Film als Experiment und Heilmethode", Verlag Maudrich, Wien 1950, nahm auch Versuche mit einem Rorschach-Filmtest vor, der die älteren Versuche der "Farb-Ton-Musik" psychodiagnostisch auswertet. Aus all diesen Untersuchungen ergeben sich wertvolle Anregungen zur Farbentherapie, über deren weiteren Ausbau H. SUTERMEISTER in "Die Umschau", Heft 20/1951 und "Ärztliche Praxis" IV, 13 vom 29. März 1952 berichtet hat. Grundlegend für die physikalische Farbentherapie ist die Abhandlung von Dr. WILL RINK in "Naturheilpraxis" Nr. 8/9, 1950.

Der angesehenste englische Vertreter der "Colour-Analysis" F. BIRREN, "Your colour and You, Women and beauty", London 1949, bemüht sich um die Analyse der Eigenfarben des Menschen und zwar mit so positivem Ergebnis, daß er gute Ratschläge zur Wahl der Kleiderfarben, ja sogar der des Ehepartners geben kann! Warme Eigenfarben wie Rot und Orange deuten auf Extraversion, kalte wie Grün und Blau auf Introversion. Die Liebhaber von Rot sind vital, aktiv, selbstbewußt, optimistisch, aber unstabil. Wer sich mehr unter Kontrolle hält, geht zu Kastanienbraun über. Das eigentliche Braun wird dagegen von erdgebundenen und bescheidenen Naturen kleineren Formats vorgezogen. Der Ehepartner von roten Typen sollte möglichst wieder ein Rot- oder mindestens ein Orange-Liebhaber sein. Menschen mit Orange als Eigenfarbe brauchen viel Gesellschaft; bisweilen sind sie Gourmets. Zu ihnen passen nur die verträglichen Orangetypen, niemals aber ein Purpur- oder Gelb-Typ; denn Gelb verrät Intellektualismus, der sich mit Aktivität paart. Zum Gelb passen aber Purpurtypen gut. Diese letzteren sind sich und den anderen ein Rätsel, sehr intellektuell und meist künstlerisch veranlagt. Deshalb brauchen sie einen klaren und nüchternen Gelb-Partner als Ausgleich. Nach F. Birren sind weiter die Grün-Typen sehr tolerant, aber etwas empfindsam und bisweilen kleinlich; der "Grüne" liebt die "Roten", weil diese in sein Leben Schwung hineinbringen, Blaugrüne Menschen sind kritisch, sensitiv veranlagt. Sie schenken zwar, ohne Dank zu erwarten, aber, kühl, wie sie sind, haben sie an sich selbst genug und gehen zu wenig auf den Partner ein, weshalb sie zur Ehe wenig taugen. Blau-Liebende sind konservativ, vorsichtig, geschäftstüchtig. Ihre Emotionen beherrschen sie gut. "Grüne" harmonieren mit ihnen verhältnismäßig noch am besten. Violett-Typen sind etwas theatralisch, erlebnishungrig, geistig zwar recht aufgeschlossen, aber nicht wirklich scharfsinnig.

Für die Psychologie wichtig ist es, daß Birren als ergänzenden Ehepartner nur einen "gegenfarbigen" empfiehlt. Daraus darf wohl geschlossen werden, daß er in seinen Darlegungen okkulte Quellen, nämlich die Typenlehre der Astrologie, benützt, die ja in England eine viel geachtetere Stellung einnimmt als bei uns; denn in der wissenschaftlichen Astrologie wird bei der Wahl des Ehepartners das "Gegen-Zeichen" empfohlen. Auf der Grundlage solcher Forschungen bringen neuerdings Modejournale aus USA "Color-Tests", mit dem sie dem Leser ermöglichen wollen, seine passende "Eigenfarbe" für Kleidung, Make-up und sogar den geeignetsten, möglichst "komplementärfarbigen" Ehepartner zu finden.

4. Neue Farbtests

Heute ist die Forschung in der Farbenpsychologie in vollem Fluß. Jedenfalls versprechen weitere Untersuchungen auf ihrem Gebiet noch mancherlei interessante Aufschlüsse über die menschliche Seele, besonders im Zusammenhang mit den bereits üblichen Testen z. B. Rorschach (Tintenkleckse), Wartegg (Zeichnen), Szondi (Spiel), Tuanima (Farb-Formbilder), Egenolf (Kartomantie) und dem von Erich Stern (Paris) den deutschen Forschern in dem Buch "Persönlichkeitsanalyse nach dem Test von Murray (TAT)", Rascher-Zürich 1952, empfohlenen "Thematischen Apperzeptionstest". Der durch seinen Antlitz - Diagnostik - Test bekannt gewordene Szondi machte sich die Geisteskranken zu seinem besonderen Studium. Mit seinem Testverfahren fand er bei manisch - depressivem Irresein im Stadium der Manie eine rote "Eigenfarbe", bei Hysterie eine grüne, bei Schizophrenie eine gelbe und bei Paranoia eine braune Eigenfarbe.

Über den Farbpyramidentest nach Max Pfister berichtete W. Koch in "Erfahrungsheilkunde" II, 2, 1953; er wurde von Prof. Dr. R. Heiß und Dr. Hildegard Hiltmann im Verlag Hans Huber, Bern 1951 herausgegeben. Beim Farbpyramidentest hat die Versuchsperson die Aufgabe, auf einer gegebenen Unterlage mit quadratischen Farbpapieren eine aus 15 Flächen bestehende Farbpyramide zu legen. Die Analyse ergibt sich aus der Auswertung von Farben - Wahl und Form - Aufbau. Sie ist auch bei Abweichungen von der Norm ergebnisreich. Allerdings ist das Verfahren kompliziert. - Als Farb - Schreibtest mit raumdiagnostischen Aspekten ist der Farb - Ebenen - Test (FEB-Test 1961) des Diplom-Graphologen Fritz Käser-Hofstetter (Merligen-Schweiz) eine Verbesserung und deutungsmäßige Erweiterung der Farbdiagnostik. - Eine Erweiterung des Farbpyramidentests brachte auf der Internationalen Farbentagung vom Mai 1966 in Dresden der Vortrag von Wittenberg-Amsterdam "Farbe als Psychodiagnostikum im Dreifigurentest".

Den "Lüschertest" verfaßte Max Lüscher nach eigenem Geständnis "nicht aus ursprünglicher Zuneigung oder Aufgeschlossenheit für die Farbe", sondern aus kommerziellem Interesse. Sein Ansatzpunkt war falsch. Er verwechselte die Bedeutungen von Grün und Blau und teilte so z. B. dem Phlegmatiker Dunkelblau statt

Grün zu. Sein künstlicher Farbkörper hat nichts zu tun mit den natürlichen Farbkörpern der Physik. Für Wahrsagereien in Illustrierten mißbrauchte er Reinhold Ebertins "Kombination der Gestirnseinflüsse" (Ebertin-Verlag Aalen 1950). Seine Methode kennzeichnete Eckart Heimendahl in "Licht,und Farbe" (de Gruyter, Berlin 1961) S. 191 als "Spiegelfechterei".

Der führende Theoretiker der Farbenpsychologie, Dr. Heinrich Frieling, veröffentlichte nach langjähriger Erprobung zusammen mit Elmar Th. Schmidt 1961 im Verlag des Instituts für Farbenpsychologie in Marquartstein den "Frielingtest", ein gestaltpsychologisches Verfahren zur Charakter- und Schicksals-Diagnostik. Zum Frielingtest gehören 115 Farbtäfelchen in 23 Farbtönen sowie eine weiße und eine schwarze Lege-Unterlage mit je 4 Feldern. Nach persönlichem Gefallen werden wie im Spiel Farben ausgewählt und aufgelegt. Die Versuchsperson ermüdet nicht, schon Kinder können mitmachen. Die Auswertung zeigt die Grundstimmung der Versuchsperson, ihr Wollen und Wünschen, ihre Zielrichtung, das Verhältnis zu sich selbst und die Stellung zur Umwelt. Die tiefenpsychologische Farb-Exploration mit dem Frielingtest ergibt Aufschlüsse über Erziehungsprobleme, Berufseignung psychologische Schwierigkeiten und Komplexe. Durch Heranziehung bestimmter weiterer Testverfahren kann der Fachmann tiefgehende und sehr treffende Schlüsse auf den Aufbau der Persönlichkeit und deren Grundrichtung ziehen, vorherrschende Tendenzen bestimmen und schicksalshafte Neigungen enthüllen.

Der wissenschaftliche Farbtest bildet eine akademische Stufe der Farbenforschung, weil er durch Analyse der einzelnen Eigenschaften einer Persönlichkeit und Summierung der Merkmale in mühsamer Synthese eine detaillierte Charakteristik erarbeitet. Die hier in "Deine Farbe - Dein Charakter" angewandte Methode des psychologischen Farbwahltestes, die aus der einfachen Vorliebe für eine Farbe den Farbentypus bestimmt, ist einfacher, unterhaltender und wegen der Herausstellung archetypischer Wesensarten vielleicht auch einprägsamer.

E P I L O G

Der bekannte Kunsthistoriker Dr. Adolf SCHAHL, Geschäftsführer des "Schwäbischen Heimatbundes" und Verfasser von "Kunstbrevieren" für Neckar-Schwaben, Oberschwaben und das Bodensee-Gebiet, sowie des Mörike-Buches "Lauter Kleinigkeiten zwar" (alle Verlag A. Bonz, 7015 Stuttgart-Korntal), widmete am 30. Mai 1954 dem Verfasser humorvolle Verse als "Epilog" für dieses Büchlein.

Es wird um Verständnis dafür gebeten, daß das Gedicht auf der nächsten Seite ohne Überschrift abgedruckt wird und daß der Hinweis auf diesen Epilog ungewöhnlicher Weise hier unten erscheint.

Hat der alte Hexenmeister
mir gesandt dies Heer der Geister ?
Deine Farbe - Dein Charakter
sind verbunden. Also sagt er,
der erfahr' ne Zauber - Doktor,
und mich armen Menschen lockt er
in die Netze seiner Worte,
bis ich an des Wahnes Pforte !

Ich bin grün: ich liebe Kinder,
hätte gerne sieben Rinder,
äße gern, tagaus, tagein,
tränke willig guten Wein,
wollte wohl auch Geld und Gut,
liebte dazu lustig Blut,
lebte frisch und unbedingt
ob es duftet oder stinkt,
regte mich bedenkenlos
allzeit in der Badehos. - -

Doch ich zweifle an mir selber -
denn ich bin dazu ein Gelber !
Ich bin nüchtern, bin für's Kühle,
meide tunlichst alles Schwüle,
bin auch manchmal oberflächlich,
unstet, lebhaft, ungemächlich,
auch ein Freund des scharfen Witzes,
zündenden Gedankenblitzes,
spöttisch wohl danebenher
und verärgert, geht was quer. -

Bin ich ein Orange - Utang ?
Dieser Farbe gilt mein Hang,
bin ich doch ein solcher Mann,
der sich herzlich freuen kann
an jedwedem prächtig Schönen,
sei's in Formen, sei's in Tönen,
wäre wohl ein Modeschöpfer,
oder auch ein Meistertöpfer,
Frauenfreund, und zwar kein mieser,
Schwelger, Sybarit, Genießer. - -

Weh jedoch! Mir liegt auch Braunes,
kann ich selbst auch fassen kaum es :
liebe alles, was gebändigt,
sich am warmen Herd verständigt
und gedämpft in allem gibt,
mütterlich und warm sich liebt. - -

Und wie herrlich ist ein Rot,
alles Trägen, Schweren Tod !
Heiß sind alle meine Triebe,
greife zu in Haß und Liebe,
wirke, zeuge, treibe, schaffe,
wenn ich es auch nie erraffe.

Macht nun, Freunde, nicht Radau :
Tief verliebt bin ich in Blau !
Indigo, Ultramarin
ziehen mich so tröstlich hin.
Hingezogen bin ich glücklich
in den Grenzen, wie es schicklich.
Echte Bindung scheint mir Heil,
Höchstes wird mir so zuteil. - -

Mit geheimem Lustverlangen
bleib am Violett ich hangen.
Mit der Opferung vertraut
hab ich priesterlich geschaut
uns'res Lebens Stirb und Werde,
Heiligstes auf unsrer Erde. - -

Und so lieb ich ohne Wahl
alle Farben ohne Zahl.
Hat's am Ende mich erwischt,
und charakterlich gemischt ?
Daß ich's sage, ohne Länge,
seht, ich lieb die Übergänge :
Blaugrün, Grünblau sind mir pässlich,
Rotbraun, Braunrot auch nicht hässlich.

"Deine Farbe - Dein Charakter" :
niemals sah ich wohl mich nackter !
Denn, wer alle Farben mag
bringt es selber an den Tag,
daß er, - welche Pein und Qual -,
ist im Herzensgrund spektral
und im Wesen polychrom,
seelisch ein Chamäleon,
- oder liebet er das Licht,
das in allen Farben bricht ?
Liebet, in dem vielen Glanz
sehnend er das Eine ganz,
das die Farben sich vereint
und uns hier doch nirgends scheint ?

LITERATUR - VERZEICHNIS

Das "Farbenzentrum" e.V., Gesellschaft für Licht, Farbe, Form und Material, 714 Ludwigsburg, wird geleitet durch Dipl.-Psych. Kurt Görsdorf. Dieser hält laufend Kurse, Vortragsreihen und Kongresse ab, schreibt in vielen Zeitschriften und gab 1961-1964 die eigene Zeitschrift "Farbenforum" heraus.

Aeppli, Aug., Lebensordnungen, Farbe, Ton, Form als Offenbarung. Thalwil 1944

Arnheim, Rudolf, Kunst und Sehen, de Gruyter, Berlin 1965

Birren, Faber, Color Psychology and Color Therapy, 1949

Boller - Brinkmann - Walter, Einführung in die Farbenlehre Sammlung Dalp Nr. 10, Francke - Verlag Bern 1947

Boos - Hamburger, Die schöpferische Kraft der Farbe, 2. A. Dornach 1960

Buchwald, Eberhard, Fünf Kapitel Farbenlehre, Mosbach 1957
- Farbenlehre als Geistesgeschichte, Natur und Kunst, Wiesbaden 1954

Burchartz, Max, Gleichnis der Harmonie, Prestel München, 2. A. 1955

D'Ortschy, Brigitte, Licht, Farbe und Material im Raum, A. Koch, Stuttgart 1966

Die Farbe, Zeitschrift für alle Zweige der Farbenlehre und ihre Anwendung. Organ der Fachnormenausschüsse FNF und DNA, Mit Referatendienst hersg. von Prof. Dr. Manfred Richter, Musterschmidt-Verlag Göttingen

Farben in Kultur und Leben, hersg. von H. Kramer und O. Mattschoß mit Beiträgen von H. Dayer, S. Ulrici, R. Biedrzynski, Heinrich Frieling, Stuttgart 1963

Friedländer, Paul, Johannes von Gaza und Paulus Silentiarius, 1912 (Spätantike Malerei, Bad in Gaza, Hagia Sophia in Konstantinopel)

Frieling, H., Leiter des Instituts für Farbenpsychologie IFP, 8215 Marquartstein Präsident der internat. Association of Colour Consultants I. A. C. C.
- Die Sprache der Farben, Oldenburg, München 1939
- Handbuch der Farbenpsychologie, Marquartstein 1949
- Psychologische Raumgestaltung und Farbdynamik, Musterschmidt, 5.A. 1963
- Der Farbenspiegel, Musterschmidt 1956
- und X. Auer, Mensch, Farbe, Raum, Callwey, München, 2. Aufl. 1956
- Praktische Farbenlehre, Lehrmeister - Bücherei Nr. 1316, 1956
- Farbe hilft verkaufen. Musterschmidt 1957
- Psychologie der Farben. Studium Generale 13. Jh. 1960
- und E. Th. Schmidt, Der Frielingtest, Marquartstein 1961
- Gesetz der Farbe, Zusammenfassung, Musterschmidt, geplant für 1967

Görsdorf, Kurt, Aufsatzreihen in vielen Zeitschriften, z. B. Deutsches Malerblatt, Das Haus, Mein Eigenheim, Mappe, Mensch und Arbeit, Führungspraxis etc.
- Der heutige Mensch und die Farbe, Neue deutsche Hefte, Oktober 1961
- Arbeits - Umwelt - Gestaltung, Aschendorff, Münster 1962

Görsdorf, Kurt, Mensch-Umwelt-Beziehungen in ihrer Bedeutung für Farbgestaltung und Architektur, 1. A., 1960, 2.A. Farbenzentrum Ludwigsburg 1966
- Studienprogramm für Farbgestaltung, Beitrag zur praktischen Farbgebungslehre und Umweltgestaltung, Farbenzentrum Ludwigsburg 1966
- Literaturverzeichnis für Farben, in Vorbereitung für 1967

Grimm, Reinhold, Gottfried Benn, Die sprachliche Chiffre in der Dichtung Erlanger Beiträge zur Sprach- und Kunstwissenschaft, 2. Aufl. 1962
Heimendahl, Eckart, Licht und Farbe, de Gruyter, Berlin 1961
Held, Jutta, Farbe und Licht in Goyas Malerei, de Gruyter, Berlin 1964
Hölzel und sein Kreis, Der Beitrag Stuttgarts zur Malerei des 20. Jahrhunderts Katalog zur Eröffnungsausstellung im Kunstgebäude 1961
Jellinek, Paul, Die psychologischen Grundlagen der Parfümerie, Heidelberg 1951
Itten, Johannes, Kunst der Farbe, O. Maier, Ravensburg 1961
Kandinsky, Über das Geistige in der Kunst, ed. Max Bill, Benteli, Bern 1952
Klein, F.-N. Die Licht-Terminologie bei Philon von Alexandria und in den Hermetischen Schriften (hellenistische Mystik) 1962

Koch, Walter, Astrologische Farbenlehre, O. W. Barth München 1930
- Psychologische Farbenlehre, Marhold, Halle a.S. 1931
- Deine Farbe - Dein Charakter, Haug-Verlag, Saulgau (später Ulm) 1953
- Davon Übersetzung ins Holländische, Verlag De Cyclus, Leiden 1956

Kranz, Gisbert, Farbiger Abglanz. Eine Symbolik, Glock & Lutz, Nürnberg 1957
Lauffer, Otto, Farbensymbolik im deutschen Volksbrauch, Gilden-V., Hamburg 1948
Literaturverzeichnis über Licht und Farbe, hrsg. von Dipl.-Psych. Kurt Görsdorf, Farbenzentrum Ludwigsburg 1962
Literaturverzeichnis über Farbenpsychologie und Grenzgebiete, hrsg. von Dr. Heinr. Frieling, Institut für Farbenpsychologie Marquartstein 1959/1960
Lutz, A., Geschmack ist erlernbar, Stuttgart 1957
M. Matisse, Farbe und Gleichnis, ed. Schifferli, Fischer-Bücherei 324, 1960
Reiter, G., Die griechischen Bezeichnungen der Farben Weiß, Grau und Braun. Comm. Aenipontanae 16, Innsbruck 1962
Renner, Paul, Ordnung und Harmonie der Farben, 2. A., Maier, Ravensburg 1964
Richter, Manfred, Internationale Bibliographie der Farbenlehre und ihrer Grenzgebiete, Folge I 1952, II 1963, - Musterschmidt Göttingen
- Sinn und Ausführung von Farbsystemen, Vortrag bei der internationalen Farben-Tagung, Dresden Mai 1966
Runge, Ph.O., Die Farbenkugel, Ed. J. Hebing, Freies Geistesleben, Stuttgart 1959
Sammer, Fritz (Wien), Relativität der psychologischen Bewertung der Farbe. Vortrag bei der Farbentagung in Dresden Mai 1966
Schmidt, P., Goethes Farbensymbolik, Ph. St. u. Q. 26, 1965
Steiner, Rudolf, Das Wesen der Farben, Dornach 1942 und Stuttgart 1959

... ein Buch, das die Aufmerksamkeit eines breiten Publikums auf die Farbenpsychologie lenken kann. Es vermittelt wesentliche Einsichten auf Grund der Goetheschen Denkweise, die ausgleichend gegen das herrschende materialistische Weltbild wirkt.
Dr. H. Frieling, Mitteilungen des Instituts für Farbenpsychologie, Marquartstein/Obb. Nr. 7/8, 15.8.1953

... Das Büchlein gibt einen Überblick über die von Dr. Koch in seiner "Psychologischen Farbenlehre" entwickelten Grundlagen, an denen man nicht vorüber kann. Gerade weil es so komprimiert und so schlicht in der Darstellung ist, kann es empfohlen werden. Trotz seiner klaren Verständlichkeit enthält es für den Kenner Geheimnisse.
Dipl.-Psych. Kurt Görsdorf
Leiter des "Farbenzentrums". Farbenforum Nr. 2, Dezember 1961

W. Koch bearbeitet dieses Gebiet schon seit Jahrzehnten und darf darin zweifellos gewisse Prioritätsrechte in Anspruch nehmen. Es ist wohltuend, bei ihm neben dem Empfinden einer fundiert-souveränen Handhabung des Themas auch das Gefühl haben zu dürfen, daß man diese Dinge selbst erlebnismäßig wahrnehmen und bestätigen kann ... Eine leicht und angenehm zu lesende, in vieler Beziehung aufschlußreiche und auch zu eigenen Beobachtungen anregende Lektüre
H. E. H. in "Erfahrungsheilkunde", III (1954)

Das Büchlein enthält allgemeine Betrachtungen über Mensch und Farbe, eine gründlich durchdachte, für jeden verständlich geschriebene Farbentypologie des Menschen und die besonders für Lehrer aller Schulgattungen interessante psychologische Farbtypenforschung.
"Handarbeiten und Hauswirtschaft" Heft 8, 1953

Die Lektüre ist für jeden Maler interessant und gibt Aufschluß darüber, aus welchen Gründen bestimmte Kunden bestimmte Farben bevorzugen. Das ist, wie man sieht, nicht immer eine Frage des Geschmacks, es hängt oft auch vom Charakter ab. Wer tiefer in die Geheimnisse der Vorliebe für Farben eindringen will, sollte an diesem Büchlein nicht achtlos vorüber gehen.
Das Deutsche Malerblatt, Heft 8, 1954

Ihr Buch "Deine Farbe" habe ich während eines Kuraufenthaltes im Odenwald im letzten Sommer aus der Bücherei eines Sanatoriums entliehen und mit großem Vergnügen unter dem lachenden Echo meiner Kolleginnen gelesen und vorgelesen. Spaß macht, daß bis in kleinste Wesenszüge hinein bei mir zutraf, was Sie über den Roten Menschen schreiben, der ich bin ...
Käte Pohlmann, Bielefeld, 20. Nov. 1964

DEINE FARBE - DEIN CHARAKTER

Inhaltsverzeichnis

Astrologie in "Deine Farbe - Dein Charakter"

FARBE UND CHARAKTER

Jede Farbe hat ihr eigenes Wesen.
Wer eine Farbe liebt, zeigt damit sein eigenes Wesen
Farbenwahl entschleiert den Charakter
Wer Farbe bekennt, offenbart seine Eigenart
Ihre Lieblingsfarbe bekundet Ihre Eigenschaften
Das Wesen der Farbe entspricht dem Charakter des Farb-Freundes

Gelb: luftig, leicht, lebendig, frisch
- beweglich, weltoffen, gewandt
Orange: voll, munter, lebhaft - lebensfroh, heiter, gesellig
Rot: warm, leidenschaftlich, erregend, gespannt
- aktiv, energisch, triebstark, heftig
Purpur: prächtig, feierlich, würdevoll
- achtunggebietend, selbstbewußt, stolz
Rosa: weiblich, zart, süß,
- fein, lieblich, zierlich, schmeichlerisch
Braun: schlicht, erdhaft - real, zäh, stabil, solid
Violett: zwiespältig, hintergründig, versponnen
- geheimnisvoll, schwerblütig, romantisch
Lila: sentimental, weich, lockend
- verträumt, sehnsüchtig, hilfsbedürftig
Indigo: tief, gewichtig, ausgeglichen
(Ultramarin) - besinnlich, treu, gütig, idealistisch
Kaltblau: kühl, ernst, verschlossen
- vorsichtig, geduldig, grüblerisch
Blaugrün: abständig, eigenwüchsig, gefühlskalt
- eigenwillig, sprunghaft, freiheitlich
Grün: passiv, beruhigend, friedlich
- ruhig, gemütvoll, zufrieden
Gelbgrün: freundlich, sonnig, lebensvoll
- gelöst, lebensbejahend, hochgemut
Weiß: hell, licht, schwerelos, strahlend, bedeutend
- unbeschwert, hervortretend, beschwingt
Grau: neutral, unentschieden, nebelhaft
- zurückhaltend, gedämpft, besonnen
Silbergrau: vornehm, reserviert, distinguiert
Schwarz: hart, stark, still, schwer, schweigend
- streng, distanziert, konzentriert, gehalten

Astromantisches Schicksalsspiel

Das Astromantische Schicksals-Spiel (ASS) ist etwas absolut Neuartiges. Es beruht auf dem Prinzip der Außersinnlichen Wahrnehmung. Der Kartomant zieht aus den verdeckten Karten nur die heraus, die ihn angehen und die auf ihn bezüglich sind.

Das ASS ist das Werkzeug einer neuartigen Wesens- und Zukunftsschau. Einzig existierende Loskarten auf geisteswissenschaftlicher Grundlage.

Nur leicht faßliche Sprachbegriffe: Charakteranlagen, Gemütsstimmung, Lebensgebiete. – Ihre Aussichten, Problemlösung.
In 5000 Stichwörtern ist die Fülle des heutigen Lebens eingefangen.
Aufdeckung des Unterbewußtseins durch das „Seelengemälde".
576 Schicksalsmöglichkeiten.
Einfache Handhabung – Geringer Zeitaufwand

Die Karten orientieren sich weitgehend am Lehrgebäude der wissenschaftlichen Astrologie. Sie geben systematische Deutungen der astrologischen Grundbegriffe. Ein Teil der Karten ist geradezu eine Deutungs-Lehrkartei der Astrologie.

144 redende Karten (Größe 7x7 cm,)
mit 17 Seiten leichtverständlicher Gebrauchsanweisung

Die 144 Karten des Astromant. Schicksalsspiels sind unterteilt in folgd Gruppen:
12 Planeten, 12 Zeichen, 12 Lebensgebiete oder Häuser, 12 Schicksalsrichtungen: die Aspekte, 6 Daseinsstufen, 6 Daseinsabläufe, 4 Mondphasen, 4 Elemente oder Temperamente, 4 Hauptfragen: die Eckhäuser, 32 Sternbilder, 8 Fixsterne, 5 Himmelserscheinungen, 10 Wetterformen, 12 Gegensätze, 2 Verneinungen, 2 Arten von Glück, 1 Scherzkarte.

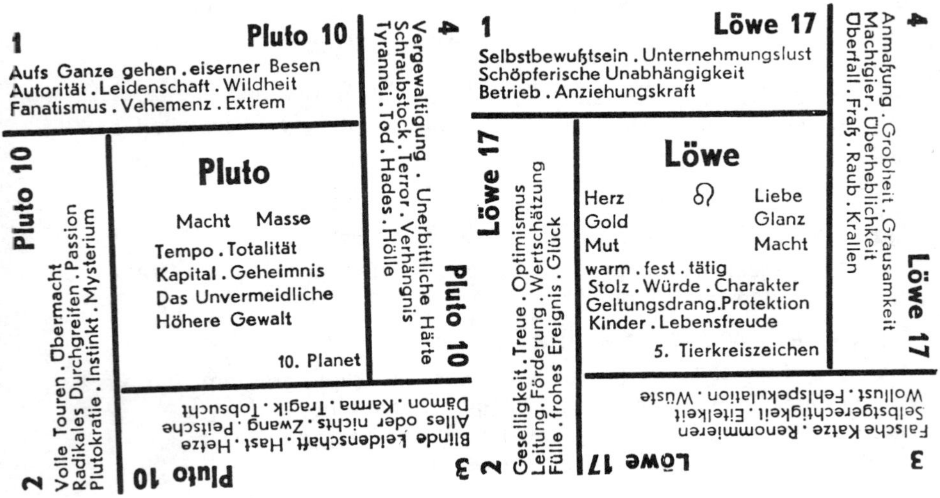

Dr. W. KOCH Häusertabellen des Geburtsortes

Dr. Walter A. Koch (1895-1970) trat zuerst 1927 als Mitarbeiter astrologischer Zeitschriften hervor. Durch viele Schriften ist er im In- und Ausland bekannt geworden. Kein anderer Astrologe hat sich in der 2500jährigen Geschichte der Astrologie so intensiv mit dem Häuserproblem beschäftigt wie er.
Das Häusersystem des Geburtsortes ist logisch und modern. Die 6 Osthäuser entsprechen, in Zeit gerechnet, den 6 Teilen des Sonnentages für den Sonnenort, der im Horoskop am MC steht. Mit der Schiefen Aufsteigung des Geburtsortes werden sämtliche Häuser auf den Geburtsort berechnet. Dies ermöglicht bessere Deutungen.
Die Häusertabellen des Geburtsortes sind in einer praktischen und bewährten Weise angeordnet, sie sind musterhaft gegliedert und zuverlässig. Sie sind berechnet für jeden ganzen Ekliptikgrad am MC, alle Häuser bogenminutengenau. Die Geburts-Ort-Häuser-Tabellen enthalten Berechnungsanleitungen, auch für südliche Breiten, für den Ko-Descendenten sowie die Vertex-Ost- und Westpunkte Eos und Hespera.

Von Dr. Walter A. KOCH und Elisabeth Schäck sind erschienen:

HÄUSERTABELLEN DES GEBURTSORTES

für die Nördlichen Breiten 45°-56°, 64 Seiten,

für 0°, 13°, 23°-44° Nördl. Breite, mit Abbildung und Erklärung des Rechenglobus des Geburtsortes, 105 Seiten,

für 0° - 60° N.B., 180 Seiten Tabellen, 3 Seiten deutsche (und 3 Seiten englische) Erklärungen und Anleitungen,
gebunden und in Ganzleinen.

PROPORTIONS-LOGARITHMEN

24 S. Zahlen und 32 S. Erklärungen (für Ausländer 8seitige englische Beilage).
Ternär-Proportions-Logarithmen sowie Diurnal-Logarithmen sind in einer praktischen Gesamtausgabe vereinigt. Die 30 Rechenbeispiele mit eingehenden Erklärungen zeigen die vielfältigen Anwendungsmöglichkeiten der Logarithmen.

INTERPOLATIONSTABELLEN, 26 S. Tabellen und 4 S. Erläuterungen und Berechnungsanleitungen (für Ausländer 4seitige englische Beilage).
Einfache Feststellung von Planetenbewegungen durch Ablesen.
Ausführliche Prospekte mit Probeseiten durch den Verlag.

Aszensional-Differenzen für 45°-56° N.B. 8 Seiten,
für jeden ganzen Ekliptikgrad mit Deklination und jeden halben Grad der Deklination mit Länge. Mit Erklärungen und Beispielen, 2 Figuren.

Aszendent-Meridian-Tabelle

A-M-Tabelle für N.B. 46°-56° für jeden ganzen Ekliptikgrad am 10. Haus.
Aszendenten in Bogenminuten. Mit Rechenanleitung,
Sternzeittabelle für jeden Tag des Jahres und geographischen Positionen von 63 deutschen Städten. 8 Seiten